U0051568

反芻思考

揭開「負面情緒」的真面目，重拾面對困境的勇氣

李介文——著

認識反芻思考，找回自我安頓的信心

諮商心理師　許皓宜

在談《反芻思考》之前，我想先談談李介文心理師。

介文是我在專業上的好夥伴，我們曾在各種面向上有多次合作，我十分欣賞他對心理科學實事求是的精神，並將這些觀點與實務經驗靈活整合。我知道他一直深入探索腦波研究，令我印象最深的是，某天，介文告訴我：「姐，我想買腦波儀。」我還來不及勸阻，他就馬上入手了這台要價不菲的昂貴儀器。

你們知道嗎？對腦波有興趣的人不少，但在沒有任何迫切需要，且無法保證購買儀器會帶來什麼好處與效益前，就傻傻地投入幾個月薪水，將它買下來進行研究的，介文是我所認識第一人。從那一刻開始，我便明白，李介文就是我未來想要長期合作的專業夥伴。

果然，購入腦波儀後，我又看著介文到大學醫學院多方請益，加上自修學習、參加多種專業課程，他在科學研究上摸索出很多屬於自己的一套理論方法。介文原本就是一名從事專業多年的臨床心理師，加上腦波儀的科學輔助後，他的每週接案量達到一個驚人的程度，更把自己的專業拉到一個可信賴的高度。

當我知道介文要出書時，最好奇他的第一本書會從哪個地方著手？看到《反芻思考》的書名時，我忍不住會心一笑，心想這主題實在太適合他了。因為在這本書中，介文不是要帶給我們什麼軟性的療癒主題，而是透過心理歷程中，「反芻思考」的慣性，帶我們去看這個現象如何對我們生活的各個層面造成影響。

「反芻思考」是一個非常值得我們理解的人性經驗，介文在本書中，以牛有好幾個胃室為例，還沒完全消化的食物，會放在胃裡的某個空間，空時再從胃逆流回嘴巴嚼一嚼。這和人類的情感慣性相仿，比方說，失戀的人想不透為何分手，過往的愛情經驗便一直放在心智的某個空間，想到時又提取出來反覆回想；此刻你可能以為自己已經想通了，過一陣子才發現原來心裡還過不去——這，就是「反芻思考」。

介文同時也發揮了他的科學精神，結構性地帶我們從人際、親子、愛情、自我，理解「反芻思考」在人生中可能出現的時刻及其影響，目的是帶著我們從生命挫敗中，重建正向的自我概念，學習與人性的黑暗面共存。

在介文所描寫的這些故事中，我想，我們都能看見過去某些時刻的自己。然後再一次，學習自我安放。既然人生是無盡「反芻思考」的過程，那就讓我們在這種反反覆覆、高低起伏的思緒中，學習好好活著吧！

目錄

Part 2

迎接自我概念的挑戰

Part 3 與反芻思考為友

前言

反芻思考：生活中遇到危機的自動反應

一天晚上，我接了一個新來的個案，是一位高中女生。在晤談室中，講沒幾句話，我發現自己的語氣微微地顫抖。接著，當我要幫她裝上一些測量生理訊號的儀器時，我的手也在微微地顫抖，甚至到最後，腳也開始抖了。

這是非常難熬的一小時，我除了要聽她所陳述的困擾，腦海中還必須不斷壓抑「我到底怎麼了？」這個想法。那時候，我開始可以體會，佛家所說，在一秒鐘內，一個念頭能夠出現與消失一千六百兆次。我不斷地想著：是她的狀況我沒見過、不知道怎麼處理嗎？還是……她是同事推薦來的，所以我很緊張，認為自己一定要做好？還是她一開始對我的態度不太友善？還是……

離開了診所，回到家裡，手抖腳抖的狀況依然持續，我才想到可能是今天下午到健身房做重訓的時候，重量調得太重，肌肉負荷不了，所以身體會痠痛、無力，跟上述那些原因沒有關係。

奇怪了，我明明是心理師，為什麼會控制不了這種狀況呢？

雖然我是心理師，依然抵抗不了大腦的內建程式呀！我們的大腦構造十分奇妙，可以說它聰明，也可以說它很笨。當一件預期之外的事情發生了，大腦會想要馬上知道原因，怎麼找呢？從過去的經驗裡面去找：我本來就是個容易緊張的人、我本來就對於同事或朋友介紹的個案有些壓力……但是健身房久久才去一次，所以這個選項的出現會比較慢。

這是大腦很聰明的地方，它會從我們的經驗中去篩選，答對的機率會比較高。但這也是它很笨的地方，只會從過去經驗中去選擇，在經驗之外的，大腦很難想到；或者，如果你的經驗都是負面的，大腦也只能從這些經驗中去挑選。

在生活受阻的時候，大腦很貼心地發揮它的功能，來幫助我們找原因。但這個功能往往只能適用於一些基本的、在經驗之內的狀況，如果發生了經驗之外的事，大腦還是會傻傻地自動尋找。當然，通常找到的答案都不怎麼樣，況且，如果從外界找不到答案，從自己身上找最快！於是我們就開始「自省」，但這種自省通常就是把自己罵一頓，也無法找到真正的答案。如果找不到答案或找到的答案不滿意，我們就會一直想、一直想，這就是「反芻思考」。

反芻（rumination）是一個生物學上的名詞，有些動物，像牛或羊有好幾個胃室，所以牠們平常會把食物存放在胃室裡，有空的時候就讓食物從胃倒流到嘴巴裡嚼一嚼，然後再流回胃，再流到嘴巴嚼一嚼，重複運作。

心理學家發現，我們的思考模式有時也跟牛很像，一個想法會重複地在心中提起、放下、提起、放下，每次它都以為找到答案了，但總會開啟下一次的思考，這樣反覆循環下去，很難讓人不緊張、不沮喪。

這樣的反芻機制一旦開啟了，是很難停下來的，同時，也會佔據大腦的記憶體空間，影響我們對於其他事情的思考，讓我們什麼事情都做不好。

越想越亂，揮之不去的念頭

還記得在上個例子裡，我花了多久的時間找到答案嗎？是結束治療，回到家以後。雖然手腳還是在抖，但我可以找到相對合適的答案了。因為離開了讓我感到壓力的環境，所以開始冷靜地注意到那些平時比較少發生的情境。

當大腦在急著找原因或找錯原因時都是著急的，這樣的情緒更會阻礙思考，讓我們更難找到原因，此時又會更著急地要求自己要冷靜下來，趕快找出原因。

有句著名的古詩詞「剪不斷、理還亂」，說的就是越想整理好、越整理不好的心境。這首詞的第一句是「無言獨上西樓」，作者南唐後主李煜在國家滅亡之後不得不向宋朝降服，有一天他心情鬱悶，帶了包無鹽薯條，跑到西樓上看風景，想到過去的種種，想理出頭緒又理不出來。亡國耶！這讓心情夠糟了吧，難怪什麼頭緒都理不出來！

但是，這並不是告訴我們不要去追根究柢找原因，不要整理思緒。而是反芻思考往往只會讓我們找到相對不恰當的答案，甚至會使我們產生負面的情緒。當情緒隨著思考逐漸高漲，不只會阻礙思考，也讓我們為了發洩情緒，做出相對不理性的事情。

在情緒高亢的時候，別說思考了，連一些簡單的事情都做不好。在心理治療的過程中，我發現我的個案們，通常會把簡單的事情複雜化。

這個世界雖然很複雜，但也挺簡單，想要生存得好，其實只要依循一些簡單的道理就好，例如心地善良、做事認真、待人真誠等，但有些事情的結果，卻不像我們想的那樣，我們想到這些道理時，常常只有表面上同意，內心卻沒有真正認同它。例如，我常聽到個案說：「我的同學明明就是一個愛做作的小公主，但大家卻對她比較好」、「我做事這麼認真負責，我的同事只是會拍馬屁，為什麼他升遷得比我快？」、「我把一切都給他了，他卻還是劈腿了」……當遇到這些狀況的時候，你是否還相信「心地善良」、「做事認真」、「待人真誠」是對的？

請你不妨想一下，遇到這些事情的時候，你腦海中出現的第一個想法是什麼？第一個情緒是什麼？有些人可能會想到：「那我平時為什麼要這麼認真努力」、「以後我再也不要相信別人了」，可能出現「不爽」、「生氣」、「沮喪」等情緒。

舉一個「A同事拍馬屁，所以升遷快」的例子：你第一個想到的原因是什麼？當你還沒來得及想原因時，大腦已經開始出現「我這麼認真算什麼……」、「他憑什麼！」、「我以後也來拍馬屁好了」的念頭，在還沒找到原因之前，我們的情緒已經先報到了，而且準備推翻原有的想法了！但請認真想一想，會重用拍馬屁的下屬，是否主管也屬於喜歡被拍馬屁的類型呢？所以做事認真這一項，只是在這位主管面前不適用，而非全部的主管都不適用呀！而且，A同事真的只會拍馬屁，完全沒有一點長處嗎？

說了這麼多，我知道你還是會忿忿不平，現在你知道情緒與反芻思考的威力了吧！說真的，如果你開始工作懶惰或拍馬屁，對你來說才是損失呢！在演化上，人類為了生存，本來就會對負面的事情特別在意，例如某個人誤食了姑婆芋中毒，他可能一輩子都記得姑婆芋的樣子，甚至遇到大片葉子的植物都會特別小心。所以，一個負向事件就足以讓你懷疑整個人生。

接下來，這本書會帶給你一些反芻思考的觀念，以及反芻思考如何產生的實例，帶你度過反芻思考的關卡。

你可能沒想過，看似一無是處的反芻思考，其實對我們也是很有幫助的喔！

Part 1

那些反芻思考發生的時刻

理想受阻

「我已經半年沒有工作了，但我不認為自己是個草莓族……」

志鴻從小就是個資優生，從國立大學商學院畢業後，也順利地找到了一份外商的工作。一開始，志鴻滿懷著希望，迫不及待地想要大展身手，展現過去的學習成果。不過漸漸地發現，事情似乎不如想像中那麼順利，負責帶領志鴻的前輩最常跟他說的一句話是：「同學，你已經畢業了，很多事情跟在學校裡學的理論，有很大的差距，你要趕快適應才行！」

志鴻不是沒有感覺到來自四周的壓力，但他心中總有些不甘心，認為自己不應該跟現實妥協，因此，在很多地方，他試著用自己的想法去做。例如在一次與客戶的會議中，志鴻試著跟客戶提出了自己的想法，認為這樣對他們比較好，但客戶竟然跑去向他的公司前輩說，還問前輩為什麼志鴻會這樣提議，讓前輩非常不滿，撂下了狠話，如果志鴻再繼續這樣下去，也不用再跟著他學習了。

志鴻心中覺得滿腹委屈，畢竟自己很認真地為客戶的利益著想，無法理解為什麼大家都墨守成規，不接受自己的意見。於是，他為了捍衛自己的立場憤而辭職了。對於志鴻的決定，公司上下都非常不認同，尤其是當初錄取志鴻的主管，認為他不懂得反省自己的作為，還選擇了逃避，是個名副其實的草莓族。

離職後，志鴻在家裡待了一年多，這段期間，他努力找工作，發現要找到一間讓自己能夠盡情發揮的公司不容易，去面試了幾家公司都沒結果，也因此對自己越來越沒有信心……

*

「我可是拿過書卷獎的耶！為什麼卻在工作上跌了一跤！」

從大學開始，佳諭就一直跟著指導教授做研究，碩士班畢業後，也在教授的實驗室裡擔任研究助理，不管是研究、行政、教學各方面，都不曾讓教授擔心，長期合作下來，深得教授的喜愛。

即使如此，佳諭的心裡總是有一個聲音出現，助理這份工作總不能做一輩子吧！但除了研究之外，她也沒什麼其他專長。聽人家說業務工作最好上手，不如去當業務好了！於是，佳諭鼓起勇氣辭職，投入業務的行列。轉職後，雖然她很努力地了解公司的產品，但常常會遇到「除了產品之外，不知道要跟客戶聊什麼」的狀況，跟著公司的學長學姐跑客戶時，看著他們可以輕輕鬆鬆地抓住客戶的需求，三兩下就搞定一張訂單，自己才開口介紹完產品沒幾句，客戶就把目錄蓋上，聊一些無關緊要的事。佳諭實在沒興趣跟客戶閒聊，她自認很能分析客戶公司的需求，無奈客戶都聽不進去，自顧自地說下去。

「明明這些建議都很適合他們，為什麼他們都不聽呢？」每當又遇到拒絕時，佳諭的腦海就會圍繞著這個想法打轉。

事情不像你想的那樣

我所見過的反芻者，大多都對生活懷抱著理想。這也難怪，如果對生活無感的人，才懶得想這麼多呢！「生活受阻」是我們最常遇到的現象，因為生活中不會什麼事都盡如人意，如果是一些小事就算了，工作和生涯規劃這些大事如果不照著計畫來，後果可能難以想像。

如同先前所說，大腦傾向自動幫我們找答案。但在很多情境下，如果我們遇到的事情很重要，大腦還沒找到答案之前，會先啟動自我警覺的反應，提醒我們「有危險發生了」，隨即產生例如緊張、生氣、沮喪等情緒。這樣的情緒會讓我們覺得不舒服，於是我們不想要這樣的情緒，同時也不想接受讓我們產生情緒的事件。

在上述兩個案例裡，志鴻與佳諭不斷地在心中問著「為什麼？」，但進一步去看，他們所想的「為什麼事情不像我所想的這樣？」比較接近於「為什麼事情『不能』像我所想的這樣？」，也就是「我要事情是我所想的這樣」，如此一來，想法自然會一直繞圈子，卻總是繞不出去。反芻者在事情一開始發生時比較少會真正去問有建設性的「為什麼」，而比較偏向消極的抵抗，不想讓事情發生而問「為什麼」。

因爲，眞正令人難以接受的，並非事實如何，而是事實不是我們所想的那樣。

失落經驗

「沒想到，我一個不注意，竟然差一點造成無法挽回的事情！」

三天前的某個深夜，岱儒的媽媽告訴她，自己胸口痛痛的，因為當時已經很晚了，她請媽媽先休息，如果還是很痛的話，再帶媽媽去看醫生。當時，媽媽痛了一陣子之後，狀況稍微和緩了，所以岱儒也不以為意，但三天後，媽媽胸口又痛得很厲害，送醫後，經診斷為急性心肌梗塞。醫師說，幸好有趕上就醫的黃金時間，否則狀況會非常危險。

回家後，岱儒對此感到非常自責，覺得自己差一點就要害死媽媽了！她很懊惱，為什麼自己當時不再多注意一點？如果可以再注意一點的話，媽媽或許不會發生緊急送醫的事件；如果平時多關心一點媽媽的飲食、運動和健康狀態，或許就不會有機會罹患心肌梗塞了！

這樣的想法，讓岱儒神經緊繃，隨時都戰戰兢兢的，對媽媽的一切都非常注意，連工作的時候都沒辦法專心。

*

「我一輩子做好事，為什麼得癌症的會是我？」

我念碩士班的時候，研究主題是癌症病人的心理調適，曾在醫院的放射腫瘤科和癌症病房待過一段時間，俊憲是當時令我印象最為深刻的一位患者。

他是一位國中老師，平時生活嚴謹自律，十分注重健康，在工作崗位上克盡本分，努力教育英才。有次他因鼻塞就診，醫師認為是感冒，好好休息就好，但情況卻越來越嚴重，到大醫院耳鼻喉科就診後才發現，自己罹患了鼻咽癌。

俊憲十分不解，明明自己平時很注重養生，作息規律、不菸不酒，而且身為虔誠的佛教徒，他本著「善有善報、惡有惡報」的原則，平時做事小心翼翼，沒想到卻發生了這樣的結果。

抗拒無法改變的事實

我永遠忘不了第一次見到俊憲的那天，他用一種無助的眼神對著我說：「我實在想不透，事情為什麼會這樣子……為什麼會是我？是不是我有什麼地方沒有注意到？是不是我有什麼地方做錯了？」

在生活中，我們難免會面對失去，例如失去親人、失去所愛的人、失去健康，諸如此類的「失落經驗」。岱儒差一點失去了媽媽、俊憲失去健康，除了產生令他們非常不舒服的情緒，以及「抗拒」的想法之外，也出現了「如果當初做了什麼，是不是這些事就不會發生……」的想法，認為當時做了這些，或許就可以避免失去。然而，這些反應都是變相在抗拒事情的發生。

在反芻思考當中，人們大多是圍繞著已經發生的、無法改變的事情，試圖去找出一線契機。事實上，很多事情的發生並沒有理由，這樣下去，很可能將自己陷在整個事件裡面，猶如墜入五里霧中，越是糾結越難看清事實。

令人難以接受的，除了事實不是我們所想的那樣，更慘的是，我們對這個事實無能爲力，一點辦法都沒有。

人際困難

「我只是成績沒他們那麼好而已，有什麼了不起的！」

研究所考試快要到了，于婷班上有三分之二的人都想報名研究所考試，班上瀰漫著一股緊張的氣氛。她發現，班上開始組讀書會，在課堂上或圖書館中都可以看到同學們三五成群地聚在一起討論，于婷不想要孤軍奮鬥，於是詢問室友靜怡，能否加入她的讀書會。

「可以是可以啦，不過我要問一下大家的意見喔！」靜怡似乎有些為難地說。過了幾天，靜怡回覆她，讀書會的人數已經不少，不需要再增加新的成員，否則很難分配讀書的章節。這讓于婷感到困惑，在她之後，有一個同學也想加入讀書會，結果靜怡一口氣就答應了。

「明明就是看我的成績沒有很好，擔心我沒有貢獻，搞不好是擔心我拖累他們……為什麼要這樣！我也是很努力的啊！」

充斥他人評價的社會

人與人之間的相處很微妙，有時候我們認為自己很真誠，但是對方卻用另一套評價標準來看我們，不斷地給我們打分數。照理說，真正的友誼不該用條件來衡量，這個道理大家都知道；實際上，真實的世界卻不是如此，我們很難避免他人給予我們的各種評價，從學生時代的成績、念的學校，畢業後從事的工作、收入、開的車子、住的房子……在在都把我們劃分成不同的族群。我們嘴裡說著不喜歡這樣，但是心裡卻默默地接受了這套根深蒂固的價值觀，於是人人都看到自己不足的地方，沒有真正地靜下心來，問問自己：我哪裡做得好？哪裡做得不好？這個系統給我的評價，是眞正的我嗎？

親子關係

「我是國小老師，為什麼會教不好自己的小孩？」

政宸與瑋婷這對夫妻是國小老師，在一場教養講座結束後，他們憂心忡忡地詢問我相關的問題。

政宸夫妻在同一所小學教書，因為教學風趣又認真，很受孩子們的歡迎，也受到許多家長的肯定。但是，政宸夫妻卻對小學二年級的兒子柏智感到非常頭痛。每天早上，政宸與瑋婷需要早早趕到學校，監督班上同學的打掃工作，柏智卻一直拖拖拉拉地，從起床、穿衣服到吃早餐都需要不斷催促，好幾次讓政宸差點遲到，氣得不管他，自己先去上班。柏智晚上在家寫功課的時候，更是讓他們痛苦萬分，明明只有幾頁的國語作業，硬是寫兩三個小時。

每天晚上跟柏智「大戰」之後，想到明天又要叫柏智起床，政宸夫妻感到很挫折，心想什麼方法都用過了，為什麼柏智還是沒辦法改變呢……？

有一次，政宸夫妻聽到柏智在跟小朋友聊天時說：「我爸媽都一直管我，我討厭他們。」政宸與瑋婷當下真是氣極敗壞，更多的是感到心寒。

＊

「我實在沒辦法想像，如果考不上第一志願，爸媽會有多失望……」

聿奇已經高三了，正要面臨升學考試，由家長帶來找我，原因是他從這學期開始不想去上學，學習的成效越來越差。

在談話的過程中，媽媽不停說著聿奇最近的課業成績退步，希望他能恢復過去的表現。當她離開晤談室之後，聿奇告訴我，從升高三的暑假開始，他就覺得功課越來越難理解，就算花了很多時間去準備，考出來的成績還是沒辦法跟過去一樣，他開始擔心自己無法考上第一志願，所以越來越害怕去上學、越來越害怕考試，只要一看到書，就會忍不住開始擔心。

「在我們家，包括爺爺、爸爸、哥哥、姐姐都是念同一所大學，如果我考不上的話……」

我反問他：「如果考不上會怎麼樣？」

聿奇想了很久，抬起頭告訴我：「不行！不可以考不上，這是他們對我的期望。」

活在家人期待中的孩子

親子之間是一種親密但又很容易產生衝突的關係。我在念碩士班的時候，曾經上午在兒童復健科、下午在兒童心智科實習，兒童復健科的患者通常都是年紀比較小的孩子，例如學齡前、或兩三歲的幼童；心智科則比較大一點，大概是從國小到青少年階段。在實習的這段期間，上午與下午是截然不同的感受，處於小小孩這個階段的孩子，即使本身有一些限制，例如肢體或語言的障礙，但父母通常會抱持著耐心與信心。在訓練的過程中，雖然很辛苦，但是經常傳來笑聲。下午的心智科門診就不同了，診間充滿了各種交互指責的聲音，父母抱怨孩子寫功課不專心、不認真，孩子抱怨父母親管太嚴、不讓自己跟同學出去玩、功課壓力太重……等等。

很少人會在一開始就討厭自己的父母或小孩，但在相處的過程當中，很難避免對彼此感到不滿。雖然在人際關係中，我們常會希望他人改變，但我們也知道他人不太可能會遵照自己的意思，這樣的希望多少會有點克制，但面對親近的父母或孩子，這樣的期望反而非常強烈，因而忽略了，即使親如家人，對方仍然是一個獨立的個體，有自己的想法與感受。

換個角度想，親子之間的情感，如果變成希望對方改變的工具，不就是「情緒勒索」了嗎？

愛情逝去

「為什麼我這麼相信他，他卻這樣對我？」

「老師，我男友劈腿了……」鈺婷一進諮商室，就紅著眼對我說。鈺婷與男友是班對，但實習的時候因成績差距被分發到不同的地區，一開始，鈺婷會利用週末的時候去找男友，男友也會來找她，但隨著實習工作越來越忙，見面的次數漸漸減少了，男友越來越難找到人，聊天的時間也不多，有時隔了一天才回電，也是匆匆地以「我還在醫院」、「我在做報告，沒時間接電話」來回應。鈺婷自以為很體貼，讓男友專心忙於自己的工作，直到她從朋友口中得知，男友最近「好像怪怪的」，才無預警地到男友住的地方一探究竟，果然發現了不願相信的事實，男友已和另一個女生同居。

「老師，他跟我說什麼，我都完全相信，連他的line都沒有要來看過，他為什麼要這樣對我？我真的好傻好天真喔！是不是我都不看他的手機，他才會這樣……」鈺婷當場淚流滿面。

*

當家琦發現，老公在外面有小三，簡直氣炸了！

「我這麼關心他，他為什麼會覺得是壓力？」

她一直覺得，老公是個大男孩，還沒有準備好開始建立一個家庭、為家庭付出責任，所以一直認命地扮演太太與管家的角色，但老公回到家只是坐在電腦桌前玩遊戲，還說自己工作壓力很大，家琦只能嘴裡一邊叨唸著老公，一邊把家事做完。不知從什麼時候開始，老公玩遊戲的時間越來越長，且不准家琪打擾，有時還會藉故出門。有一次，家琪從line閃出的訊息中，發現了老公外遇的事實。

「他說，我都沒有想過他的心情，那他為什麼沒想到，我幫他做了這麼多事？我到底做錯了什麼，為什麼他會覺得有壓力？有壓力的應該是我啊！」

愛情沒有原因

在愛情和婚姻生活裡，我們都希望對方能夠看到自己的努力，如果最後換得一句「這不是我要的愛」是多麼令人沮喪與難過的事；更慘的是，這樣無怨無悔的付出換來了背叛，令人難以承受。愛情對我們來說是那麼重要，所以大腦會很快地介入，想要迅速找出原因，趕快改善，回到過去的狀態。

所以，「找原因」是一個假議題，此刻我們問對方：「你為什麼要這樣對我？」倒不如說，其實是在指責對方：「你怎麼可以這樣對我！」

事實上，我們很難找出真正的原因，原因發生在對方心裡，發生在每一個我們看不到的地方。就算對方說出口了，我們真的可以接受嗎？對方說的理由，究竟是真的嗎？

我們都不知道。

說到底，我們還是會回到原本的思考模式，從自己身上尋找。所以，結果不是自己不好，就是對方不好，而且這個不好是有擴散性的，不會只侷限在這次經驗裡，有些人從此不相信自己可以得到愛，也不相信別人會付出愛。**他們相信的是在愛情裡，得不到安全感。**

自我責備

「有好幾次，我都覺得自己不適合當一個心理師……」

我家住在高雄，在台南的診所執業，每天看完夜診之後，再開車回高雄。夜裡，一個人待在安靜的車上，最適合思考了。我最常想的是今天所遇到的個案，以及在個案身上發生的事。想著想著，念頭開始圍繞在「今天晚上，那位先生所說的話，好像不是我理解的意思耶！」、「唉呀！那位小姐明明就要開始講自己的故事了，我好像沒有察覺到，卻把話題岔開了！」這些很明顯、應該要注意的事，我怎麼都沒有注意到呢？越想心情越差，有時會進入深深的自責，覺得自己不適合當一個心理師，沒有辦法給予個案實際幫助。

即使身為心理師，我也無法擺脫這些「反芻思考」的干擾，因為它是大腦裡的內建程式，具有自我提醒的作用，提醒著我們有一些非預期的狀況正在發生。既然無法擺脫，大腦也開始為這個行為找原因，那麼，我找到了什麼原因呢？就是「我不好」。

我可以舉出非常多自己做不好的證據，而我也確實做得不好，但我忽略了很多環境方面的證據，例如，比起事後在車上回想，在治療室現場的我有馬上去理解、分析還有回話的壓力，而在這個壓力之下，的確有可能會做不好。這很像運動場上的「受迫性失誤」[1]，我當然可以透過練習、經驗來減少這種受迫性失誤，但是此刻的我辦不到。

1. 受迫性失誤：指在比賽時，因為對手的戰術或防守施壓所出現的失誤。與其相反的是「非受迫性失誤」，對手防守強度一般，由選手自己產生的失誤。

無法面對自己的缺點

反芻思考讓我們困擾的，是它不但要找出原因，還會在心裡開一場血淋淋的批鬥大會。如果我們可以如實地知道自己的困擾，如實地改變，不就好了嗎？

說到這裡，如果您覺得自己不好，也是正常的反應。我們必須從「知道反芻思考正在影響著自己」、「知道自己有開批鬥大會的傾向」著手，接受了才能慢慢改變，否則，知道自己有反芻思考，搞不好會帶來下一個反芻思考呢！

Part 2

迎接自我概念的挑戰

在生活中，我們往往身兼多職，一天之中要扮演很多角色：像是某人的子女、某人的父母、某人的男女朋友、某人的老師或學生、某人的上司或下屬等等。在各個角色之中，你覺得自己做得怎麼樣呢？

自我概念會影響我們的心情，也決定了對於生活的滿意程度。在成長的過程當中，我們都透過與他人或與大環境的互動，不斷地修改，最後形成了一個「相對」穩定的自我概念；也就是說，健康的自我概念是可以變動的，但變動的幅度不宜太大。

因為這個穩定的自我概念，幫助我們在生活中可以有很好的「預測性」，預測他人的反應，預測他人的行動。這樣的預測會讓我們感到安全，也方便我們計畫一天的行動。請你閉上眼睛想像一下上班時候的場景，除了實體的場地之外，是否可以很容易想像得到，你會遇到什麼人、這些人會做出什麼反應、你們之間什麼對話、接下來會發生什麼事……倘若，我們遇到了一個無法預測的環境，會開始感到焦慮，例如參加面試、到新公司報到，或者遇到了一個情緒陰晴不定的同事或上司等，都會讓我們無法預測。

想太多的衝擊

碩士班畢業之後，我順利地進入了一家醫院的精神科工作。這次的工作經驗非常愉快，從面試開始，主管就非常滿意我的表現，我的臨床能力甚至被某位主治醫師認為是「科內最優秀的新人」。能夠得到這樣的賞識自然是很愉快的事，在那段時間裡，每次做完一個臨床業務，跟主管討論的時候，我大概都可以預期主管的反應。

在生活中，我們對於每一個場景的想像，都是基於這樣的自我概念。只要這些自我概念的建立過程夠客觀，對於未來的想像跟真實的世界是大致相符的。

後來，我到另一家醫院工作，從面試一開始，就可以感覺到主管對我不太滿意，他的態度也與前一份工作的主管大不相同，有時，在對話中就可以從他的表情中明顯感受到不悅，對我的一些處置也不甚認同。因此，我在上班時間總是戰戰兢兢地，一聽到電話聲響起就覺得緊張，擔心電話那一頭傳來主管責備的聲音，雖然這種情況一次也沒有發生過。

或許看完這個例子之後，你會覺得我想太多，但我們很多的煩惱，不正是「想太多」引起的嗎？人生中不如意的事十常八九，這也意味著生活中很多事不是照著我們原本的預期而發生，難免衝擊到自我概念。在前後兩家醫院工作的我都是我，能力沒有進步也沒有退步，但我所遇到的事情，卻一再地衝擊著我，使我不禁懷疑，原本相信的都是真的嗎？我真的如自己所想的有能力嗎？甚至開始懷疑，我所學到的心理學知識、臨床技能都是真的嗎？我在學習的時候，是不是有什麼地方沒有注意到？是不是有什麼地方錯了？

有段時間，我覺得自己不是一個好的心理師，常在心裡開批鬥大會，對此，我與自己做了一個深刻的討論，並在討論中時時提醒自己不要淪為自我批鬥或自我放棄的對話。後來，我得到了一個結論：

「我缺乏一個穩定的自我概念。」

我以為這只發生在工作上，仔細思考後發現，在生活中我也常面臨自我概念的衝擊，發現自己做得不好的地方；或者，為了避免這些狀況發生，我會更加小心、不斷地注意，甚至迎合別人，以維持心中這個穩定的自我概念。

如果說自我概念是「我對自己的看法」，對於自己抱持負面的看法，會不會造成自尊比較低呢？在進一步討論這個問題之前，我必須強調，擁有「自尊」並不是要覺得自己很厲害，而是可以理性地知道自己什麼地方做得好，什麼地方做得不好。所謂的「理性」，指的是我的想法跟外面的世界是相稱的，只「相信」沒有用，這個相信必須由過去經驗來累積，而且這個經驗必須要與外界相稱。

我是個NBA迷，我所支持的球星是金州勇士隊的Stephen Curry，勇士隊的教練曾經這麼評論他：「Curry是一個連續投好幾球不進，到了下一球，還是可以保持信心，並相信自己一定會進的球員。」這或許在球場上會被當作是「很獨」[2]的表現，投不進了，還一直投，到底知不知道有隊友啊？但若是看過Curry練習或比賽的影片，你會知道，他在大部分的時間，就是這麼準。所以他對於自己出手的命中

2. 俗稱「自幹王」，眼中只有籃框，沒有隊友。

率，有一個很穩定的自我概念，才能夠相信「失敗只是一時的」，才能信心滿滿地繼續投下一球。

自我概念或自尊不穩定

有些人不知道自己什麼地方做得好、什麼地方做得不好，在某些方面不能勝任，但這樣還不足以造成低自尊，真正造成低自尊的原因是「不能客觀地找出原因」，到最後都會把原因推到自己身上。有個心理學名詞叫「基本歸因謬誤」，意思是人們在一件事情發生後，往往會低估環境或其他因素的影響，而高估個人因素。也就是，如果一件事失敗了，就一定是我的錯，如果還有其他因素加進來……反正那個原因不重要，就算有，還是我的錯比較多啦！所以，沒有穩定自我概念的人，往往很難分清楚自己與他人、環境之間的界線，不知道自己與他人、環境之間，各自該負多少責任。有的時候，我們做得不好，並不一定是自己的責任，就像責怪一條魚不會飛一樣，但如果魚本身不清楚自己是魚，或者不喜歡當魚，就很容易發生做不好而責怪自己的現象。

自我概念或自尊不穩定是長期的經驗累積，正確地說，是長期無法客觀地評估自己的表現所造成的。所以，如果您正在養育孩子，對於孩子的教養態度和原則要一致，鼓勵孩子勇於探索，客觀地發掘自己的長處與短處。若您要鼓勵孩子時，請具體說出他們做得好的地方、努力的地方；若孩子做得不好，也請如實還原孩子行為的經過，讓他們知道哪些地方該改善，幫助孩子能夠客觀地分配責任、客觀地形成穩定的自我概念。

自我概念是怎麼形成的？

我爸爸說，小時候我曾經拜一位名畫家為師，有一天他到畫室接我，看到老師在我身後，對著我的畫搖頭，從此他心裡認為「這個孩子不適合畫畫」，就不讓我學畫了。

這件事大約發生在我小學二年級，對學畫的記憶已經很模糊，只依稀記得老師說話的腔調，還有他家有一個很大的水池。但「我不適合畫畫」這個概念卻一直深植在心裡，在往後的求學生涯中，美術課都過得很痛苦，因為「我就是不會畫畫啊！」。所以，我一直很排斥任何跟畫畫有關的事情，連做筆記都是純文字，很少以圖像輔助。

這件事也是我演講中經常分享的一個故事，說著說著，還會覺得有些不好意思。雖然我的結論是「大家要客觀地接受自己的長處與短處」，但我真的接受了嗎？其實還有很長一段路要走，因為我把「不會畫畫」跟「爸爸覺得我不會畫畫」連結在一起了。我在爸爸心目中是個不會畫畫的孩子，令我感到愧疚，每次遇到畫畫的場景都會想到這件事，開始覺得是我不好。

你發現了嗎？每個人都有短處，但自我概念不穩定、低自尊的人，會開始評價自己的短處，好像有了這個短處，就是「差勁」的表現。只要涉及到評價，哪怕你有再多的長處，只要是與評價系統無關的就會被忽略，所以很多孩子在音樂、體育、美術或其他方面與學科無關的優點都不被鼓勵，而他們從事這些活動時，所感到的喜悅也會變質。

信念構築的安全世界

在念碩士班的時候，我曾參與一些心理創傷與復元的研究，指導教授曾帶著我到八八風災的現場，以及九二一地震發生的台中市東勢區，與受災區的第一線民眾接觸。

九二一地震發生在一九九九年，那時我還是一個國中生。我們去參訪的時候，地震已經發生十多年了，當時有些受災戶的家倒塌，如今也都已重建。聽說經濟許可的話，居民會選擇自己蓋房子，將樑柱設計得特別堅固。

在訪談中，我聽到這樣一段話：「就算蓋了新房子，現在我們一家人還是都睡在地板上。」當我正疑惑時，這位民眾接著說：「這樣地震一來，我們很快就會知道。」

即使已經過了十多年，他們仍然處在擔心的情緒之中。

我們大概很少會有這麼痛苦的經驗，比較常遇到的類似情況就是車禍，在出過車禍之後，有些人會有一段時間不敢騎車或開車，這種「被嚇到」甚至需要去收驚的經驗，就是我們的「安全世界」受到了威脅。

安全世界比自我概念更廣泛，除了對於自己的看法，還包含了對於這個世界、對於他人的信念。如果不仔細覺察，我們很難發現這些信念。這些信念是由「規則」組成的，舉個例子來說，我們過馬路的時候會注意什麼呢？除了周遭有沒有車子之外，最重要的就是注意交通號誌，綠燈亮了就表示可以安全通過。為什麼綠燈可以安全通過？這是這個社會共同的規則，是我們相信他人會遵守的規則，也就是我們的安全世界。但在有些地區，紅綠燈只是參考用，到了這些地方，勢必得修改規則，否則，原本以為的安全世界，將不再安全。

對於世界，我們也有這樣的規則，如果你此刻正在室內，無論是咖啡館、書店、自己家的書房、臥室，你有沒有想過，為什麼你可以安心地翻閱這本書？因為你相信，你所在的房子不會突然垮下來，此刻的你是安全的。九二一地震的受災戶，到今天還睡在地板上，是因為他們的房子真的垮下來了，即使只有一次，也足以撼動他們的安全世界，就算重建了十多年，心裡仍然有疙瘩。

除了這種約定俗成的規則之外，還有很多是說不出來的「道理」，告訴我們這個世界如何運行，例如「一分耕耘一分收穫」、「凡流淚播種的，必歡呼收割」，每個人學過的道理不盡相同，但在華人世界裡大致差不多。心理學家Arine Cann[3]在二〇一四年發表的一項研究裡，整理出了八個通用的信念，分別是：

1.每個人的遭遇都是公平的。

2.人們可以控制發生在自己身上的事。

3.他人的想法、行為背後的原因。

4.關於自身優點與缺點的信念。

5.對未來期許的信念。

6.對生命意義的信念。

7.對心靈或宗教方面的信念。

8.對「作為一個人的價值」的信念。

我看到第一點時，心中默默地想：「怎麼可能！每個人怎麼可能是公平的？」、「怎麼可能！每個人怎麼可能控制發生在自己身上的事？」或許你也有這樣的想法，但請先放下純理性思維來思考。以「一分耕耘一分收穫」的信念為例，從純理性的角度來看，當然不可能所有的事都是一分耕耘一分收穫，但我們又何嘗不是這樣相信著？當你準備一項考試的時候，希望自己的努力可以有好成果，這樣的信念也可以當作是一種價值觀，它可能是從父母的教導得來、可能是自身的經驗得來，也可能是整個社會的氛圍而來。

在生活中，我們的安全世界不斷地被檢驗，例如人身安全問題，我們可能在過馬路時被一個闖紅燈的冒失鬼給撞到，開始檢驗「紅燈停、綠燈行」這個信念或規則的適用性。

我曾在學校輔導過一位高中女生，她表示自己莫名其妙地被閨

3. Cann, A., Calhoun, L. G., Tedeschi, R. G., Kilmer, R. P., Gil-Rivas, V., Vishnevsky, T., & Danhauer, S. C. (2010). The Core Beliefs Inventory: A brief measure of disruption in the assumptive world. Anxiety, Stress & Coping, 23(1), 19-34.

蜜排擠與攻擊之後，不知道該如何看待每個新交的朋友、每個對自己好的人，到底背後是存什麼心，對於「他人的想法、行為背後的原因」的信念開始搖搖欲墜了。前文提到的國中老師俊憲，他的生活習慣良好，不抽菸不喝酒，也注重養生，對於教育工作兢兢業業，但在即將退休之際，發現自己得了鼻咽癌，難怪他想不通：「不是說善有善報、惡有惡報嗎？我到底做錯了什麼，才會這樣？」是啊！如果他相信「善有善報、惡有惡報」這是他安全世界的一部分，如今發生讓安全世界受到挑戰的事情，該怎麼辦？推翻這個安全世界，不再相信「善有善報、惡有惡報」？或者依然堅信著信念，然後持續找出自己「作惡」的地方？

在臨床上，我遇過最常被挑戰的是「關於自身優點與缺點的信念」、「他人的想法、行為背後的原因」、「人們可以控制發生在自己身上的事」這三個信念，請回顧上述的例子，想想自己的經驗，我們自己所認為的優點和缺點，是否常被檢驗？他人是否不像我們所想的那樣？我們是否無法掌控自己的生活？

當這些信念受到衝擊時，表示這個世界或至少一部分的世界不照我們所想的運行，此時，反芻思考的出現，恰巧是一個「不安全」的信號，提醒我們「有狀況發生了」。

從這個角度來看，反芻思考也不全然是一件壞事！

理想我vs.現實我的拉鋸

心理學家 Carl Rogers曾經提出「理想我」的說法，我們在成長過程中，透過與他人或外在環境的互動來形成經驗，對於這些經驗做出評價，然後把這些正向跟負向的評價收集起來，就形成了自我概念，也就是對於自身優點與缺點的信念。因為每個人的感受都不同，所以建立的概念也不一樣，除了自身感受以外，旁人的反應也會影響我們的評價系統。大體上，只要自我概念與真實的環境（Rogers 稱之為「現實我」）相符，都算是健康的。

我們對於自己的優點與缺點有一套看法，也希望自己可以達到某些目標，但事情的發展無法盡如人意，當我們開始感覺到現實的世界跟自己想像中的不一樣，會出現「不一致」的感覺，讓我們感到不舒服，這樣的不舒服讓反芻思考開始啟動找出原因。

許多前來尋求心理治療的人們，在心理上的困擾大多是「理想我」與「現實我」不一致造成。當反芻思考啟動，一方面是發出一個危險的訊號，另一方面則督促自己趕快找到原因，解決這個危險，避免負面的情緒存在太久。這個反應模式比較偏向「問題解決」。這種看似理性思維，在平常很好用，**發現問題、定義問題、處理問題**，OVER！但如同前面所說，反芻思考很多時候是找不出原因的，由於我們正處在情緒的波濤之中，很難找出真正的原因，而且有些事情本來就找不出原因。我們只能透過自己的經驗、自我概念、對於這個世界的信念來解釋，找來找去，原因就又繞回自己身上。如果堅持原先的概念，那就是自己不好，做錯了；如果不是自己不好，那就是原先的概念不好用，需要修改了。

反芻思考的功用，除了提醒我們世界不再安全之外，也想方設法地要讓這個世界變安全，變得如同原先那般可以預測。但是，**這個世界本來就無法預測**，反芻思考瞎找原因或修改安全世界，反而讓人變得更不舒服。當「世界不再安全」造成不舒服，反芻思考又要主動介入，只會幫倒忙。

反芻思考的影響：情緒低落、低自尊、逃避壓力

反芻思考會帶給我們許多負面的影響，相信你已經知道，單純陷在反芻裡面，是解決不了問題的，反而會帶來傷害。

情緒低落

若反芻思考的結論是將錯誤歸於自己身上，誰的心情好得起來？而且反芻思考，開的不是檢討大會，而是批鬥大會，想法繞來繞

去，只是為了找出罪魁禍首，於事無補。再說，若真是要改變，會啟動反芻思考的事件，大多都是我們無法改變，或需要花一段時間才能改變的，到最後……還是把自己罵一頓比較快。

有些人會把錯誤歸究到別人身上，或修改安全世界，但別以為這樣就會過得比較好。想想看，如果你認為事情都是對方的錯，都是對方或是這個世界對不起你，真的會比較開心嗎？我遇過一個女士，在感情上曾經受過很重的傷，經過一連串反芻思考之後，她下的結論是「男人都是不可信的，我再也不要相信愛情了！」之後，她對於每一位追求者都萬般小心，像偵探一樣，去偵測可能會傷害自己、欺騙自己的證據。這些追求者們一開始都還可以包容她的疑心病，但時間久了，誰受得了？於是她又更進一步驗證這個概念：「嗯，男人都是不可信的。你看，時間一長，他們果然露出馬腳了吧！」

低自尊

低自尊的人，遇到負向的事情時，容易啟動反芻思考，結論通常是自己不好，而這樣的不好，又讓自尊變得更低了。你有沒有發現，這簡直就跟現今的M型社會一樣，貧者越貧，富者越富！低自尊意味著你不喜歡自己，所以遇到了負向的事，只會讓你更不喜歡自己而已。

但你知道嗎？低自尊的人也很想要喜歡自己，只是方法有點怪異而已。生存、愛、自我實現的需求，每個人都有，只是在成長過程中，我們的經驗會決定我們要如何取得這些需求，或者經驗會告訴我們，根本不可能取得這些需求。如同上述那位不相信男人的女士，她真的從此不需要愛了嗎？當然需要，只是在她的信念裡，愛是充滿了危險的事。

一旦信念形成，我們就會把生活中發生的事情，拿來跟信念做比對，要是與信念不同，只好把它扭曲成跟信念相符的模式，例如有個男人主動接近我，一定是不安好心；萬一他表現出很誠懇的樣子，也真的願意付出努力愛我，嗯……那一定只是暫時的，有一天他一定會離我而去！如此一來，你就知道你的信念有多不講理，反芻思考帶來的影響有多大了吧！

不相信他人，一方面也反應出了「不相信自己」，不相信自己有能力可以分辨真情與假意，不相信自己可以承受在感情上的挫折，不相信自己值得一份真心的對待。

另一方面，一個不喜歡自己的人，又有喜歡自己的需求、讓他人喜歡自己的需求，該怎麼辦呢？只好以拐彎抹角的方式來達到了。回想一下，如果你小時候要求爸媽買某樣東西給你，你明知道爸媽不會買，你會怎麼做？是否嘗試過表達或者隱晦的刺探？低自尊的人也會用各種方式試圖得到自己所需要的東西，例如在人際中扮演一個愛開玩笑、活絡氣氛的開心果，或者主動去幫助別人，得到別人的稱讚。

這些不都是在社會上被讚許的行為嗎？我不否認有人的本性就是比較活潑、在團體中喜歡發言或幫助別人，但也有些人是希望透過這些方式得到別人的認可，內心其實不喜歡這樣。除了拐彎抹角之外，有些人用的方法是幫自己設一個很高的標準，這有點像我們在學校裡，如果有同學犯了校規被記過，要做一些事情來「銷過」，包括打掃環境、幫忙班上的事務等，這些都是好事，但做了這些，不是本人自願的，也不會有人感謝他，做完之後呢？嗯……一切歸零。想被記功，你得再有好的表現才行。

低自尊的人，很像在心裡給自己記了過，想讓自己感到開心，就得要「持續不斷」地擁有好表現，而且要求非常嚴格。但是，**即使你眞的做到了，眞的會比較開心嗎？**

逃避壓力

在壓力管理的概念裡，面對壓力有三個因應方式：**處理造成壓力的事情、處理因爲事情所產生的情緒、逃避。**

既然是壓力，意味著這件事我們暫時無法處理，或處理起來有困難。試想，如果讓一個成年人參加一個加減乘除的四則運算考試，數字全都是個位數，這足夠構成壓力嗎？換個情境，如果參加的是微積分的考試，我想這對大部分的人來說，應該就是壓力了。壓力造成我們心情上的不舒服是理所當然的，所以，有些人遇到壓力時，選擇去跑步、聽音樂、唱KTV、喝酒聚餐等，都是為了處理因為壓力引起的、這些不舒服的情緒。

面對壓力，反芻思考看起來是在幫我們「處理事情」，但實際上是在開批鬥大會，我們的心情因為批鬥大會而變得更差，就越容易啟動反芻思考。所以，在過程中，我們可能不希望反芻思考這個豬隊友出現，但它又是大腦裡內建的程式，是一個保障名額，不可能讓它退場。於是，我們得使出各種方法，像是壓抑、分心、裝作不在意，試圖讓反芻思考離開。心理學上有一個非常有名的「白熊效應」，請你閉上眼睛，但是在閉上眼睛的時候，心中不可以想到白色的熊，結果你在過程中更容易想到白熊。所以，你希望反芻思考走開，它反而會更如影隨形地黏著你，甚至在其他時間也出現，提醒你它的存在。

既然壓抑不了，有些人乾脆就放棄抵抗、或者做更多事情來讓自己分心，例如把行程排得很滿、喝酒或倉卒地做出決定、修改安全世界的規則等，這些都容易造成負向的結果。

既然反芻思考讓自己有這麼多負向情緒，自我概念和安全世界這麼難改變，認為自己無法處理、想找個地方躲起來，也是很正常的心理反應了。或許暫時不去看這些事情，不理會反芻思考，可以抵擋一陣子。

如果反芻思考本身所造成的情緒是負面的垃圾，那你平時都怎麼處理垃圾？大部分的人會把它裝到垃圾桶分類、打包、丟掉，有沒有人會試著把垃圾塞到沙發底下？我想你不會這樣做，因為即使眼睛看不到垃圾，它依然存在，時間久了，會慢慢地發臭，臭到每個到你家的人都會聞到臭味；時日越久，即使你出了家門，身上也會沾染臭味。所以，一時之間無法處理負向情緒、無法處理自我概念、安全世界的變化，可以短暫地逃避，但請你要「有意識的逃避」，在逃避中累積自己的能量，穩定自己的心情，有朝一日可以好好地處理這些垃圾。

自我驗證預言

自我驗證預言（Self-fulfilling prophecy）是一個心理學名詞，指的是只要你對他人的行為有所期待，這樣的期待就會成真。同樣地，如果你覺得他人會怎麼對待你，你會不知不覺地產生相對應的行為，結果他人真的用你所想像的方式來對待你了。

自我驗證預言最著名的實驗，是心理學家Rosenthal和Jacobson[4]在一九六八年所做的實驗，他們先幫一所學校的學生做智力測驗，然後告訴老師，有些人是高智商（隨機講的，這些人並不一定有高智商）。之後，這些被冠上高智商稱號的學生，成績果然突飛猛進。請想像一下，如果老師相信這些學生具有高智商，可能提供更多的補充教材、更多時間的教導，面對學生不會的問題也會更有耐心（因為他們高智商嘛！聽不懂的話，一定是我講得不夠清楚），學生的成績自然突飛猛進。

有一段時間，我認為自己是一個不夠好的心理師，面對個案時，常會花更多心力在自己是不是講錯話？或者因為擔心講錯話而畏首畏尾，無法把注意力全部集中在處理個案的事情上，反而是在處理我自己的擔心，這樣讓我真的變成一個「不夠好的心理師」。這些行為，個案或多或少都能察覺到，是否也可能造成個案的情緒波動、甚至離開，更驗證了我是一個不夠好的心理師呢？

4. Rosenthal, R., & Jacobson, L. (1968). Pygmalion in the classroom. The urban review, 3(1), 16-20.

正由於反芻思考得出的結論不一定正確，我們依照這個結論去行動，反而更有可能得到負面的結果，又更印證了一開始的結論，如此不斷重複這個惡性循環，直到受不了為止。

反芻思考是一面鏡子

身為一個心理師，讀了那麼多心理學理論，我常做的並不是將這些理論運用在個案身上，講出一番醍醐灌頂的大道理，然後讓個案聽從我的話。相反地，我會引導個案聽聽自己心裡的話，感受他們心裡的掙扎，然後，接受這個掙扎。

或許你會說，心理師不就應該要幫人「處理」或「解決」心理困擾嗎？的確，在剛執業的前幾年，我也覺得負向情緒的出現真是太不理性了，應該要趕快把它看清楚，然後趕快改變，殊不知，這個想法才是真的不理性。心理治療很像打太極拳，順著自然的規律走，接受它，才可以借力使力。我們在治療室裡遇到的每一個人，都有著不同的過去、不同的經驗，每一個人的人生都不可能只有正向的經驗、沒有挫折，每個人對挫折的忍受程度不同，挫折影響每個人的程度也都不一樣。如同「痛」給每個人的感受不同，關公可以邊刮骨療傷邊喝酒下棋，一般人只要跌倒擦傷可能就痛個一整天，所以，不必拿別人的忍痛能力來要求自己。

總結來說，當你的腦海中又出現反芻思考、在你心裡開起批鬥大會，這些都是過去的經驗累積造成的結果，會出現這些「不合理」的狀況，其實是非常合理的。當你要求反芻思考停止，其實是要求過去的經驗消失，以心理師的能力或現今心理學、醫學的發展來看，是不可能辦到的。

如果說人跟人之間存在著界線，那過去與現在之間也存在著界線，「界線」並不意味著不會造成影響。想想看，他人的行為怎麼可能不影響你？界線的存在，是要讓我們分清楚，哪些是他人的、哪些是自己的？哪些是存在於過去的，哪些是發生在現在的？臨床心理師脫下白袍之後，就是一個普通人，不是什麼生命的智者或先知。我也常常會受到過去的經驗影響而不自知，這樣的「不自知」並不是我都完全沒有感覺，而是我為了處理當下的情緒，選擇放過這個感覺。但是，反芻思考會不斷地提醒我們，過去所帶來的影響。

我常把心理困擾比喻成心裡生了病，如果是一般生理上的疾病，你去看醫師的時候，不會想知道自己發生了什麼事，這個病從哪裡來，會造成什麼影響嗎？如果會，為什麼在心裡生病的時候，只想趕快度過？如果想知道自己內心的真實狀況，不如好好反芻思考，我所擔心的、在意的、無法接受的事情是什麼？是什麼樣的理由讓我自己無法接受？

你會發現，反芻思考很像一面照妖鏡，你心裡的脆弱、困難、不滿足，統統反應在平常以為「想太多」的反芻思考裡。

精緻化反芻

我過去在醫院的腫瘤科、安寧病房，主要研究之一是人們經歷癌症這麼大的心理創傷之後，如何從創傷中復元，甚至在復元後找到成長的力量，過得比生病之前更好。

許多病友告訴我說，雖然癌症帶來了長久的生命威脅，在治療的過程中，不管是接受手術、放射線治療、化學治療都感到很不舒服，但在癌症過後，他們確實感受到了內心成長的力量，一部分的原因，來自於「精緻化反芻」。

精緻化反芻（deliberate rumination）是心理學家 Tedeschi[5] 與

Calhoun 在二○○四年所提出，他們的研究包含癌症、戰爭、被性侵等事件所造成的心理創傷，其中從創傷中成長的一個重要因素就是「精緻化反芻」。

精緻化反芻與一般反芻思考不同的是，它是在後期出現的，也就是除非經過練習，我們在遇到事情時，大多還是會習慣啟動圍繞在事情本身、試圖解決焦慮、找到原因的反芻思考上，等到情緒慢慢平復，精緻化的反芻才會開始出現。精緻化反芻有以下幾個特點：

1.它圍繞在如何因應：

其實，事情發生後該怎麼做，我們心中都有底；若是做不到

5. Tedeschi, R. G., & Calhoun, L. G. (2004). " Posttraumatic growth: Conceptual foundations and empirical evidence". Psychological inquiry, 15(1), 1-18.

的，我們心中也同樣知道。只是反芻思考一直圍繞在事情本身，背後的原因，無非是我們不願承認、接受這樣的事情發生，或者不想承認自己對這件事無能為力，因而牽扯出很多負向的自我概念，到最後只是為了平復情緒，而把真正該解決的事情越放越糟。

在情緒過後，精緻化反芻比較能夠正確地看待事情，做自己該做的，放下或釋出自己做不到的，讓一切回歸自然。

2.它探討了事件對自我概念的衝擊：

精緻化反芻像一個朋友般，與你一起討論這件事帶給了你什麼樣的影響，你的自我概念、安全世界有什麼樣的變化，並與你一起承擔這個變化。所有的情緒發生在自己的內心，已經發生的事實不會因為我們的情緒而改變，然而，我們會自然地產生情緒，這個情緒短期內無法消除也是事實，所以精緻化反芻會與你一起討論，一起度過。

而且，精緻化反芻也是我們自己內心產生的，所以，關上門來看，我們最好的朋友，其實是自己。當你發現周遭沒有人要聽你說的時候，何不說給自己聽呢？

3.它會探討這件事情帶給我們的意義：

一般的反芻思考所找到的原因，通常是要修改自我概念，精緻化反芻會幫我們找出意義，也就是「這件事的發生，是要告訴我什麼？」，這樣的意義是真正對事情有幫助的。

我在治療室裡遇過很多爸爸或媽媽對於孩子做不好的地方如數家珍，一旦抱怨起孩子的缺點，可以講上好幾個小時。最後，他們總是憂心忡忡地對我說：「心理師，我的孩子不專心／不努力，你要叫他專心一點／努力一點啊！」我總覺得很奇怪，如果這個「叫」是有用的，那你叫就好，幹嘛要我叫呢？

其實，我們需要的，是幫孩子找到這個困難賦予的意義。「做不好」是一個非常籠統的形容詞，而且只要挑剔，誰都會有做不好的地方。我崇拜的NBA球星Stephen Curry，在二〇一八球季[6]，每場球平均有2.9次失誤、2.5次犯規；現今NBA號稱「天下第一人」的Lebron James，每場球平均有4.3次失誤、2.4次犯規。倘若單純檢討數據，教練在場邊叫球員：「不要失誤！不要犯規！」就算喊破了喉嚨，也是沒意義的。重要的是，在比賽後，好好坐下來觀看球賽錄影，討論每一次失誤的原因，以及這個失誤對你來說代表的意義是什麼，才能真的有所幫助。

精緻化反芻，就是一個與自己一起找意義的過程，這個意義是你跟自己討論出來的，真正對自己有益的，即使事情無法改變，它也可以讓你維持穩定的自我概念。

說「我做不好」很容易，也很不負責任，或許找尋因應方式、自我概念的衝擊，以及找尋意義的過程是很辛苦的。就像球星不斷地觀看自己失誤的影片，可能會感到憤怒或羞愧，但重要的是去思考，**這件事的發生，對我來說，代表了什麼？**

6. 資料來源：www.nba.com

反芻思考是一種警訊

有位醫師朋友告訴我說，當醫師當久了，才知道人體有多麼脆弱，醫師能夠給的幫助多麼有限。同樣地，心理師當久了，才知道「人腦產生的很多情緒與想法，都是無法避免的」。一開始我有個幻想，可以用心理學知識來改善人們的心理問題，後來我才發現，很多的問題並不是「問題」，只是人與環境互動之後的自然反應，它會讓我們感到不舒服，但沒有「治癒」的必要。就像我們周遭充滿了很多致病的細菌與病毒，只要一個不小心，就很容易生病。病有分大小，一般的感冒會讓我們鼻塞、流鼻水、發燒，這是免疫系統在對抗細菌與病毒的反應。有位醫生朋友告訴我，目前沒有「治療」感冒的藥物，只能夠緩解感冒的症狀，而且，感冒時多休息、多喝水，症狀大概七到十天就會消除。但是，以目前台灣的醫療環境來說，如果你因為感冒去診所，醫生告訴你：「沒事，只是一般的感冒，多喝水、多休息就好。」你會有什麼感覺？

如同我在本書一開始所講，能夠讓我們人生過得好的，往往就是那些從小聽到大，但一直被忽略的小道理。這樣想起來，我自己感冒的時候，也是希望醫生開藥讓我不要鼻塞、不要頭痛、不要疲倦……休息？開什麼玩笑？我還要上班啊！哪有時間休息？多喝水？規律運動？好啦！我有空就會做。

回到反芻思考，反芻思考是我們面對他人、環境、自我概念與安全世界不一致時，所出現的警報。就像感冒一樣，我們希望症狀可以緩解，繼續工作，但這樣一來反而抑制了身上的免疫系統反應，或因為濫用抗生素，造成細菌的抗藥性。同樣地，如果我們抑制反芻思考，等於放棄認識生活中的改變、認識自己內心的機會。

那要怎麼辨呢？首先，如同感冒一樣，你必須先認同「一般感冒可以不用吃感冒藥」這個概念，當然還是可以找醫生診斷一下，避免肺炎之類嚴重的疾病。接下來，只能夠帶著感冒繼續去上班，然後在上班過程中多喝水、多休息，如果跟人講話的時候咳嗽或打噴嚏，也只好說抱歉，然後把嘴巴摀起來。也許下一次在感冒發生之前，你會更容易察覺身體是不是怪怪的，並且在感冒期間可以「相對」正常地繼續工作。

所謂「久病成良醫」，在現實生活中，久病會讓你習慣這個病，了解它病發作的經過、造成的影響，學習與這個病共處。反芻思考也一樣，它源自於我們的內心，當你接受它是一個必然的存在，試著不要抗拒它，跟它當朋友，聽聽它想跟你說的話，或許會有不同的發現。

請想想看你是如何對朋友的？當朋友來找你講一件難過的事，如果時間許可的話，你可以好好地聽他講；如果你正在忙，可以跟他約一個時間好好坐下來傾聽。你可以換位思考一下，如果你跟朋友講難過的事，希望他有什麼反應呢？通常那種一聽完就開始滔滔不絕地講大道理或否定你，直接說「不對不對，你不應該這樣想，我跟你講喔……」的朋友，都不太受歡迎。所以，如果你要跟反芻當朋友，當它來找你而你又正在忙的時候，請告訴它，這個時間我不方便，跟它另訂一個合適的時間，好好聆聽它如何訴說自己的感受。在聽的過程當中，也請你用心聽、多想想，盡量減少指責或反駁，因為這樣只會讓反芻思考不想接觸你，但請記住它的存在是不會消失的，反而會在你沒有注意到的地方，跳出來影響你。

清創傷口

你有沒有騎機車「犁田」的經驗？有一次我在某醫院的急診室門口摔車了，一爬起來直接走到急診室裡面就診。我的手腳佈滿了擦傷，傷口很髒，還可以看到裡面摻雜一些泥土跟細沙，護理師先拿生理食鹽水幫我把傷口沖乾淨，接著拿出大支棉花棒擦拭傷口，這個過程讓我非常疼痛。不僅如此，有些沙子太小了，棉花棒擦不乾淨，護理師還得用刷子刷我的傷口，要不是她當時抓著我的手，真想趕快逃離現場。

在傷口護理上，這叫「清創」，是傷口護理的第一步，非常重要。我曾看過一個比喻，傷口就像一塊有坑洞的柏油路，如果要把洞補好，必須先確認洞裡面是清空的，不能有一些垃圾、石塊、玻璃等廢棄物，如果沒有清乾淨，補起來也會不扎實。同樣地，如果這些髒東西殘留在傷口上，不只會延緩傷口癒合，搞不好還會讓情況變得更糟。

反芻思考也是一樣，我們在生活中遇到一些挫折，就如同心理受了傷，這些傷口有大有小，所以復元的速度不同，但一樣都要清潔乾淨。不可避免地，要把傷口看清楚，如果把頭撇過去，不去正視它，就只能放任傷口感染、化膿。

把傷口看清楚，意味著在心裡接觸引發反芻思考的事件，別說清理了，有些傷口光用看的、用碰的，就讓人覺得不舒服。所以一開始，請你慢慢地、逐步地去了解，一下子把自己弄得太痛，只會讓你更想逃走。

有時候，接受自己受傷了，接受自己會痛，就是踏出復元的第一步。我用身體的傷來比喻，或許比較沒感覺，因為「受傷本來就會痛」，是理所當然的事，除非使用止痛藥。但我們很清楚地知道，止痛藥所帶來的「不痛」，其實只是在騙大腦、麻痺大腦，不是真的不痛。

如果身體的傷會痛，我們又怎能要求心理的傷不痛呢？使用大吃大喝、睡覺、飆車……這類「止痛藥」，只是騙自己而已，最後這些傷一樣會反撲。如果你真的想要改善，把傷口看清楚就更重要了，否則方向錯了，會走更多的冤枉路。

臨床上，很多個案告訴我，「心理師，我很努力擺脫負向情緒，卻總是事倍功半啊！」我聽了一點都不訝異，你曾幾何時聽過止痛藥可以治病的？我們總是以為做些什麼可以擺脫負向情緒，殊不知什麼都擺脫不了，等到止痛藥的藥效過了，反而造成更大的挫折感。

我是一個什麼樣的人？

生理學告訴我們，我們所見到的物體，都是光線照射到物體後，反射到視網膜，經由視神經傳到視覺皮質，才形成影像。換句話說，我們所見到的世界，是由我們的視覺皮質對這些光線加以解釋之後才形成的。而且，我們眼睛所看到的，並不是真實的世界，只是這個世界的表面，例如我們看不到物質的原子、看不到許多不可見的光等，所以，我們真正能看到的世界十分有限。

物理世界如此，心理世界也是如此，心理世界來自於我們對於每一件發生的事情所下的判斷、所給予的解釋，因而有所不同，同樣地，我們往往也只看到事情的表面。

從我剛進入心理系開始，就把這個名詞解釋背得很熟：「心理學是一門探討人類的行為，以及行為背後原因的科學。」心理學有許多的學派，用各種不同的方式，來探討我們如何解釋一件事情。

如果你打開心理學的書籍，至少會有十幾個心理治療的學派，而且近年來連腦神經科學、經濟學家也來參一腳，告訴你人類會怎麼看待這個世界。那麼在心理師的養成過程當中，要怎麼選擇治療學派呢？答案是，選你自己喜歡的，或者入門時跟的老師是什麼學派。但即使是同一個學派，每個人用的方式還是很不一樣。我在心理研究所的同學，就學期間跟我上一樣的課、受一樣的訓練，但在團體討論的時候，每個人的治療風格有很大的不同。

在日常生活中，即使我們無法在情緒波動的時候就找到心理師，但只要記住這句話：「探討你的行為，以及行為背後的原因」，你就可以當自己的心理師。

很多人以為來找心理師是為問題找一個答案、為生命找一個出口，事實上，心理師又不是人生的智者，也無法知道所有的可能，在沒有詳細了解一個人之前，他們會依照自己的主觀經驗來給意見；就算了解了一個人，也僅是「在主觀認定了解對方」之後，給予意見。

既然是這樣，你為什麼不能當自己的心理師，選擇一個對自己最好的方法？有些人會問，那我怎麼知道哪些是最好的方法？如果連你自己都不知道，又怎麼知道心理師提供的是好方法呢？

再說，世界上真的有所謂的「最好的方法」嗎？事實上，只有「最適合你的方法」，甚至可以嚴格到只有「此時此刻適合你的最好方法」。

所以，要找到方法的前提是要夠了解自己，習慣與自己對話。或許你會說，反芻思考不就是跟自己對話嗎？如果單單只有反芻思考，這是不夠的。請你想像一下，如果我在某一項考試裡錯了三題，一直問自己：「我怎麼會錯？我怎麼會錯？我怎麼會錯？」就算問了一百遍也是白搭，最後賠上了好心情。如果仔細看一下題目，試著找出在答題過程中的思考脈絡，是不是到哪一步就開始不確定了？或者繼續連結到學習過程中，學到這個概念的經過。

大家有沒有發現，這個場景似曾相識？一直質問自己同樣的問題，不就是反芻思考的模式嗎？所以，當你產生了一個情緒，也要像檢討考卷一樣，找找看是什麼原因讓這個情緒產生，以及這樣的行為模式是怎麼學習而來的。像老師一樣責罵學生為什麼做不到、學不好，或者直接給學生答案，要求學生罰寫十遍，對於了解學生一點幫助都沒有。

從這些脈絡和想法跟行為的連結裡，慢慢地建構起「我是一個什麼樣的人」的畫面，你會漸漸了解，如何解釋發生在自己身上的事，這些反芻思考所為何來。

如果你的輪廓漸漸清晰，恭喜你達成了第一步！也請你不要給自己貼一個粗略的標籤，例如「我就是一個沒自信的人」，這跟老師幫學生貼「這是九十分的學生」、「這是六十分的學生」的標籤，有什麼差別？所以，還要加上對於自己的想法、情緒的描述，才算是真的清晰。

「我是一個怎麼樣的人」，可以由以下的公式建立：

「遇到＿＿＿＿，我會認為＿＿＿＿，而且我會感覺＿＿＿＿。」我們判斷一個人的性格，是從外在來看，但這個世界上只有你可以從自己的心理來判斷自己的性格，遇到了什麼樣的事、做了什麼樣的行為，重點是，這件事如何影響了我？

反芻思考背後隱藏的事

反芻思考的作用是要提醒我們生活中有危機出現了。什麼是危機呢？就是會造成我們的傷害、我們無法應付的難題。現實生活中，真有那麼多真實的傷害，會危及我們的生命嗎？其實沒有，真正危及到的是**我們無法成爲我們想成爲的人，這個世界不是我們經驗中的世界。**

彥霖是科技公司的工程師，他的困擾是，在提案會議中，只要老闆的眉頭一皺，即使沒有說什麼，最後也接受了他的提案，他還是會感到非常緊張、沮喪，甚至為此吃不下飯、睡不著覺。

如果你曾經上台報告過，多少可能會遇到台下的聽眾對你報告的內容有疑問甚至不認同的經驗，這可能是一個質疑、甚至否定的訊號，但每個人之所以會有不一樣的反應，在於這個訊號對你代表的意義是什麼。

在談話中，彥霖透露出他對自己有很高的期望，希望自己把每一件事都做得好，所以老闆皺了一下眉頭，會讓他感覺到自己沒有做到一百分，自己的作品還有讓別人猶豫的空間，這讓他非常不能接受。

「我為什麼沒有做到一百分？」這個反芻思考不斷地浮現腦海，不斷在心裡指責著他。

如果只知道自己想要得到一百分，還有點淺顯，反芻思考背後隱含的資訊並不只如此。為什麼彥霖會把「我要得到一百分」當作是一個非達到不可的目標？這才是需要進一步思考的地方。彥霖想了想，自己在國小的時候，對於分數的理解還似懂非懂，但到了國中時，因為喜歡班上一位成績很好的女同學，開始意識到自己的成績只是中下，當別人嘲笑他成績差那麼多也想要追學霸時，他開始奮發圖強。雖然苦讀之後，彥霖成績有大幅進步，但始終還是比不上那位女同學，於是他幫自己訂下了一個目標：我要考一百分，什麼都要一百分。

或許你會說，「這個想法也太不理性了吧！」是啊！如果我們事事理性，又哪來反芻思考呢？「我要一百分」這件事，幫彥霖建立了一個人生的模組，只要一旦被推翻，就好像回到那個被嘲笑、得不到心愛的人的感受。

反芻思考沒有標準答案

很多人一直告訴彥霖：「你做得很好！你很棒！」但這些話一點都沒有讓他覺得比較好過。在他的心中，如果沒有做到完美，什麼都得不到，其他人又怎麼能知道自己的感受呢？但是，如果彥霖沒有透過自我對話來反芻思考，又如何得知？當這些話從彥霖的口中說出時，他大大鬆了一口氣，也為長久以來如此在意自己的表現，找到了合理的解釋。他原先真的一點覺察都沒有嗎？其實是有的，只是從來沒有仔細去探究與思考，任由每個冒出來的反芻思考引導自己。

跟反芻思考當朋友、接受它帶來的影響、把它看清楚、了解它跟你之間的互動模式、了解它想要傳達給你的訊息，然後慢慢地跟它混熟，你對反芻思考的感覺就不再只是表面上傳達的意思，它會告訴你更深一層的意義，你是如何看待這個世界，以及如何將發生在自己身上的事賦予意義。

交朋友要交心，跟反芻思考相交，討論意義是十分必要的，也因為這件事情對你代表的意義不同，才會引發情緒。找到意義、討論意義、修改意義，這是接下來可以做的事。怎麼修正，其實沒有一定的標準答案，只是看這個意義跟你所遇到的事件適不適合，你用這一套解釋方式，能不能得到你想要的？

從彥霖的例子來看，「好成績、好表現的意義，就是擁有更大的吸引力」，基本上就有點怪怪的。更適切地說，「吸引力」裡面的元素，不是只有好成績。這也難怪彥霖會有如此大的情緒波動，因為就算拿到了好成績，也只不過是為吸引力加了一點分，在其他的地方，例如人際關係、外表上，一點幫助也沒有。如果彥霖不修改自己的意義系統，就算真的拿到無數個一百分也於事無補。

光是這一點，就可以跟反芻思考繼續討論下去了，我們不是要把反芻思考駁倒，畢竟它也是我們內心的一部分，而是要透過溝通與協調，讓它的存在對我們來說更有利。

Part 3

與反芻思考為友

雖然反芻思考的目的是為我們好，但它是一個「好心做壞事」的豬隊友，所做的事情不但不會使我們好起來，反而會更差。

我有個朋友平時個性樂觀開朗，有一次不幸出了一場嚴重的車禍，左腳開放性骨折，住院住了很久。在那段時間裡，從臉書上的發文可以得知他的近況，因為一隻腳固定的關係，他不能自己脫褲子上廁所，每次上廁所都需要家人幫忙，有時他會因此心情很低落，覺得自己是個廢人，有時甚至認為自己永遠都不會好了。

骨折造成的傷害、復元的進度，我想醫師都會仔細地告訴病患，也就是說，骨折的復元是有時間表的，就算沒有很精確，至少知道自己需要半年、一年的時間康復。但我朋友仍無法擺脫「自己永遠不會好了」的想法，除了骨折帶來生理上的疼痛，還有以往可以做的事情，如今卻無能為力，這對於自我概念的衝擊是很強烈的。他會有這樣消極的想法也是理所當然的事，換成是我，在上廁所時完全動彈不得的情況下，真的會覺得自己是個廢人。

連骨折康復這種有時間表的事情都會讓人感到無力，更何況生活中遇到的大都是狀況相對模糊的事呢？我們當下所產生的負面情緒、反芻思考都是真實的，即使不喜歡，也必須面對。

我一再強調，反芻思考是一個豬隊友，但我們卻無法擺脫它。它就像普通的感冒，大約會在七天左右痊癒，在過程中，我們只能接受感冒症狀逐漸達到高峰，然後慢慢緩解，而一般的用藥只能減緩感冒的症狀，無法治癒感冒。所以，讓反芻「趕快好起來」是一個不可能的任務，面對這個內建程式，我們只能盡可能減少它所帶來的影響，否則就要回到自我概念與安全世界，好好地看清楚。這和想要避免感冒，就要維持健康生活、均衡飲食、多運動的道理一樣。

如同溺水一樣，越掙扎越沒力，不如試著放鬆，身體就會自己浮起來了。

與反芻思考對話的練習

雖然反芻思考會在腦海中自動產生，不知不覺中引領我們走向自我責備的道路，或讓我們產生憂鬱、焦慮的情緒，但這些經過都不是在潛意識中發生的，只是因為太自動了，讓我們以為自己無法控制。事實上，跟反芻思考坐下來慢慢講，可以逐步了解這些想法影響我們的過程。這些過程很像是電腦裡的程式，我們在使用電腦的時候，只要按下鍵盤或滑鼠的一個鍵，螢幕就會有相對應的變化，但重點不在鍵盤、也不在螢幕，在於背後的程式碼，跟反芻思考對話，就是一個解碼的過程。

雖說反芻思考是一個豬隊友，但它其實也是希望我們更好，只是用錯了方法，拖累了我們。找豬隊友聊聊天，除了能跟它打好關係之外，也可以改變它。我們了解了反芻思考的特性、它的說話風格，在對話中可以避免一言不合會吵起來，因此在跟它對話之前，必須對它有更深一層的了解。

勾勒出反芻思考的樣子

當你漸漸地接近反芻思考，有沒有很好奇，它到底想和你說什麼？前面列了幾個會引起反芻思考的情境，但我不建議大家直接把自己的情況套進去，就算情境類似，你不一定會出現同樣的反芻思考。找出自己特有的反芻思考樣貌，才能夠真正跟它當朋友，看清楚它對你的影響。

反芻思考是我們自己心裡產生的「想法」，在心理治療的學派裡，「認知行為治療」擅長於評估與轉換想法，有一些技巧可以借來使用。

「不良功能認知紀錄表」是認知行為治療裡面，常用來辨認與記錄想法的一項工具，我們應該跟反芻思考當朋友，也就是如果不喜歡它罵我，那我也不要罵它，因此把這項工具叫做「認知紀錄表」更貼切。

這個紀錄表可以分成兩個部分，先談第一部分，記錄自己的想法以及情緒。

如果很湊巧地，你此刻正產生了反芻思考，可以馬上拿出紙筆記下來；如果沒有的話，請你回想一下，上一次產生反芻思考的時候，然後盡可能地回憶細節。首先，請你寫下事情發生的時間，並且將事情發生的經過寫清楚。在第二欄，請你寫下當時閃過心中的想法或者畫面；如果你能夠寫出一個想法，請評估一下，你對於這個想法的相信程度有多少。在第三欄，請你寫下這個想法帶給你的情緒是什麼，並且給它一個分數。

範例・認知紀錄表

日期／時間	情況	想法（相信程度 0-100%）	情緒（強度 0-100%）
5/1 晚上	在臉書上看到朋友約聚餐，但是卻沒有約我。	我一定是被排擠了。（80%）	生氣（70%） 難過（80%）

我最近遇到一個例子，有位朋友生日，本想約其他朋友一起幫他慶生，但我在臉書上看到朋友們的動態，發現他們早已經約過聚餐了，還拍照打卡，卻沒有約我，這讓我感到既生氣又難過。

我大概有一個晚上的時間陷在反芻思考裡面，怎麼也想不通，為什麼他們不約我？越想越氣，最後做了一個結論：好啊！不要約就不要約啊！你不理我，我也不理你！

此時，反芻思考也跳出來一起搗亂，指責我為什麼不主動一點，或者怎麼這麼不小心，友誼變淡了都不知道。面對指責，我的感受越來越差，最後，我突然暫停了一下，問問反芻思考到底要告訴我什麼？

「原來，我好在意這段關係、好在意這群朋友」，所以才會對「他們不約我」這件事感到這麼生氣。那麼，接下來我找到目標了，如果我在意這群朋友，是否應該要主動跟他們聯絡，或者主動打電話給壽星，向他祝賀？

這時，另一個想法浮現了，「我一定是被排擠了啊！為什麼我要主動去跟他們示好？」這表示我可以開始填寫認知紀錄表的下半部。

我們不去跟反芻思考爭辯，而是要跟它討論。反芻思考非常快速且霸道地告訴我們「事情的真相」，但有趣的是，我們竟然就這麼相信了，然後就被反芻思考牽著走。有句話說「真理越辯越明」，但我們不是要跟反芻思考爭辯，許多發生在人我之間的事，有時候根本就沒辦法知道真正的原因，只能找出它們對自己來說的意義是什麼。所以，跟反芻思考交談，不是要找答案，而是要找出意義所在。

在《認知治療—基礎與進階》[7]書裡，建議我們可以問自己這些問題，例如「這件事的發生，有沒有其他可能性？」、「可能發生最糟的狀況是什麼？我可以克服嗎？」、「最理想的狀況是什麼？」、「如果我相信了這個想法，對我有什麼影響？」、「我可以做一些什麼呢？」、「如果＿＿＿（我的好朋友）在這個情況下也產生這樣的想法，我會怎麼跟他說？」。

根據上面這些問題，我作了以下的思考：

回應這個問題（相信程度0-100%）	結果 對於原先想法的相信程度（0-100%） 情緒（0-100%）你會怎麼做？
他們知道我這週都在台北，可能認為我沒空去，所以就不約我了。（70%） 先前他們約過我幾次，但我因為工作太忙而婉拒，他們應該也覺得很難過。（60%） 我應該跟他們聊一聊，大家都是朋友，這也沒什麼。（50%）	我一定是被排擠了。（10%） 難過（30%） 打電話給壽星。

你會發現，跟反芻思考討論完之後，我的情緒好了一點，但是並沒有完全消除。的確，因為這些事情發生造成我的情緒不佳，這點不用否認，也不需要完全擺脫它的陰影。至於想法的轉變，是我暫時給予自己的意義，我需要在現實生活中實際行動與體驗，才能帶給自己一些新的感受。倘若我的朋友真的排擠我，或者不想跟我維持友誼，我就必須把想法聚焦在「可能發生最糟的狀況是什麼？我可以克服嗎？」、「如果＿＿＿（我的好朋友）在這個情況下，也產生這樣的想法，我會怎麼跟他說？」，找出新的做法與意義，才能改善問題。

放輕鬆

當我們開始練習跟反芻思考當朋友，這不是一件容易的事，因為這位朋友愛碎碎念、愛指責人，脾氣還不大好，不太討喜。那為什麼要跟他當朋友呢？沒辦法，他就住在我們心裡，不搞懂他，就一天到晚出來搗亂；也因為住在我們心裡，趕也趕不走，只好跟他「化干戈為玉帛」了。

要怎麼接近這位朋友呢？告訴你一個方法，請你不要笑：第一步叫「放輕鬆」。

「放輕鬆」這件事，跟「減肥就是要少吃、多動」一樣，說出來人人贊同，但真正落實的寥寥可數。舉例來說，我自己有許多減肥的經驗，也一直把少吃多動「放在心上」，但是也僅止於放在心上。通常吃美食的時候，我會告訴自己：「不行！今天這餐吃太多了，要

7. Beck, J. S. (1995). 認知治療-基礎與進階(梁雅舒、張育嘉、羅振豐、趙文煜譯)台北：揚智文化

少吃一點」，或者是在下班後很疲倦時告訴自己：「今天要上健身房運動一下。」結果當然是每次都失敗，然後又陷入自責的迴圈裡。

為什麼會失敗呢？因為美食當前、下班早已累得不成人形，根本就沒辦法自我規範，如果真要做到就得靠「意志力」，殊不知「意志力」也是要靠時間培養的，臨陣磨槍、強迫自己上戰場，只會敗陣而歸。

回到「放輕鬆」身上，你有沒有想過，我們會在什麼時候告訴自己、告訴別人要放輕鬆？通常是遇到壓力的時候，但此時反而是最難放鬆的時候，這樣的「放輕鬆」反而會讓人更緊張，一點用處都沒有。所以，如果真要放鬆，請從日常生活中訓練。

要獲得健康的心理或者健康的身體，通常不會是做一兩件事就可以達成，而是要透過全面的改變，「放輕鬆」是改變的第一步，一旦情緒鬆綁，想法才可以鬆綁。

在治療過程裡，很多個案一聽到我說：「放輕鬆、練習呼吸。」大多會露出一絲失望的神情，彷彿在告訴我：「我還以為你會說出什麼絕世武功的秘訣，讓我從此擺脫煩惱呢！原來是呼吸！就呼吸？這麼簡單？」我只能說，如果你看過少林寺的系列電影，就知道對於學武功來說，一開始的打掃跟挑水有多麼重要了。

正念（Mindfulness）是近年來新興的心理治療方法，它是由心理學家Jon Kabat-Zinn[8]所提出，坊間有許多專書都詳細地說明正念療法的步驟，如果讀者們有興趣，可以深入了解，在此簡單地列出幾項對我來說有幫助的步驟。

8. 陳德中&溫宗堃(2013)正念減壓初學者手冊，台北市：張老師文化。

正念十分強調活在當下與內心覺察，專注於當下的思考是很重要的事，我們的思緒常常都放在緬懷過去與擔憂未來，很少問問現在的自己：「我此刻過得好不好？」只要我們把焦點放在當下，往往會驚覺「原來我這麼不專注在當下」。

有一次我到高雄演講，那天的行程排得很滿，演講完之後，我必須馬上開車回到台南的診所。因此演講中我不只一次地望向窗外，心中計畫著待會要走哪條路才能夠快速上國道，趕快繼續下一個行程。

很巧合地，那天我的演講主題就是保持正念和活在當下。講到這句話時，我心中微微一震，才發現原來我自己也沒有真正地活在當下。但是，當我有這樣的覺察，心中頓時輕鬆很多，延誤下一個行程這件事的確很值得擔心，但不應該是我在演講時要擔心的。

此時，我心中響起了一位老師說過的話：「當你發現自己沒有活在當下的時候，你已經開始活在當下了！」

改變呼吸

Kabat-Zinn博士十分強調呼吸的重要，他認為呼吸是我們每天都在做，卻每天都忽略的工作，甚至我們根本就沒有負起「呼吸的責任」，讓呼吸淪為一種生理的本能，只要專注在呼吸裡，就可以幫助我們進入當下。

許多心理治療學派也將調整呼吸列為改變的元素之一，它隨時隨地都可以進行，如果你願意的話，在閱讀的同時，也可以暫時放下書本，將注意力聚焦在呼吸上，讓自己輕輕的吸進一口氣，再慢慢地吐出去。吸氣的時候，想像一下氣流是如何通過你的鼻腔、氣管，然後來到肺部……注意吸氣的時候，鼻子與肺部清涼的感覺；注意腹部的起伏，以及吐氣的時候，空氣被呼出去時那種溫暖的感受。

我自己平常練習或者在治療室帶著個案練習時總會發現，呼吸的時候，頭腦裡有各種想法來來去去，頭腦一刻也不得閒。Kabat-Zinn博士也提到了這樣的狀況，他認為我們的腦海中不可能不產生想法，或者完全壓抑這些想法，如果試圖這樣做，頭腦會很不舒服，而且根本就做不到。對於這些想法，我們可以試著「不批判」，也就是知道想法的存在、尊重想法的存在，但不隨之起舞，就很像我看到家門口有一輛車子經過，我確實看到了，但它不會影響到我。

練習呼吸這件事，我們每天在做，但卻不知道該怎麼做，所以，一開始會感到辛苦且不習慣。這跟學習一項新技能一樣，走過初學者的練習階段，會感到越來越熟練，也越來越能從中得到好處。

做運動

跟減肥與瘦身無關，運動有助於我們儲存能量，面對反芻思考。姑且不論在運動時，大腦會分泌腦內啡等讓我們感到快樂的神經傳導物質，運動本身就帶給我們獨處與鍛鍊心理肌肉的機會。

在運動的過程當中，我們可以透過替自己設定不同的目標逐步達成，讓自己感受到內在的力量與進步。當然，一開始，身體會感到疲倦、痠痛、不舒服，如同面對反芻思考的狀況一樣，但我們的目標並不是要「克服」反芻思考，而是讓自己逐步去面對這樣的不舒服。所以在運動時，不必在短期內為自己設立嚴格的訓練菜單，而是把腳步放慢，在運動過程中體會身體每一個部位用力的狀況和感覺。你會發現，運動這件事也可以「活在當下」。

反芻思考的自我限制

雖然我們常常罵「反芻思考」這個豬隊友，但其實豬隊友就是我們自己啊！或者，他是我們的代言人，只是這個代言人比較會罵人、看事情比較偏頗而已。他講的其實也是我們的心聲，或者我們對自己的期待。這個代言人（或者說我們自己），有時候會幫我們設定「應該」要做到的事，例如：

我應該要做好每一件事。

我應該要得到每一個人的喜愛。

我應該要好好處理自己的情緒。

我應該要關心每一個人。

別人應該要公平地對待我。

這些「應該」就是我們之前說的「基本信念」，只是又分得更細了，逐行逐列地給予我們規則去執行，只要我們一違反這些規則，反芻思考就會跳出來指責我們。

請想想，這些「應該」真的應該嗎？如果我違反了這些「應該」，結果只有「我不好」的可能嗎？

無論反芻思考的表現形式是生氣、壓抑、試圖合理化自己的行為，或者重複地確認，都能歸納出一件事，就是「我不要」。有可能是不要接受這個失落、不要面對那個心目中不夠好的自己、不要知道他人其實不像自己想的那樣……我們在這個世界上，有太多太多不想要的事情會發生，可能讓我們感到焦慮、憂鬱，所以我們習慣去壓抑反芻思考，或者讓它佔據了自己的心靈，都是試圖要創造一種「假性安適」，但越是如此，我們就離事實越遠。

＊

筱琪跟爸媽的關係一直處不好，爸媽對筱琪很嚴格，筱琪做什麼，爸媽常常都不滿意，於是筱琪開始不去上學，試圖用拒絕上學來向爸媽抗議，但隨著日子一天一天過去，筱琪發現，她離自己的夢想也越來越遠。

她告訴我，自己不是不想去上學，但每次只要晚點起床，聽到媽媽說：「你今天又睡過頭了？我看你還是不要去好了！」她心中就會燃起一陣怒火，「你們為什麼要這樣對我？為什麼不能像別人的爸媽一樣……」這是她在心中問過無數次的問題。

筱琪不是沒有想過跟爸媽溝通，但每次溝通總是帶來爭吵的結果，這讓她感到非常無力，她不想去面對這些反芻思考。即使她知道不去上學，不管待在家裡或去外面閒晃，自己都不會開心，但她仍然維持這樣的模式，一天又一天下去。

筱琪與爸媽都懷抱著很多「應該」的規則，可能是對自己說的「我應該……」，也可能是對別人說的「你應該……」，這樣的「應該」常有一些副作用，當自己或別人達不到這些「應該」的時候，反芻思考就會開始跳出來做判斷，因此我們可以試著跟反芻思考討論一下這些「應該」的規則。

我們可以試著問問反芻思考：「為什麼我／別人應該要這樣？」、「如果把應該變成一種期待，而不是死板板的規則，會不會好一點？」

我試著跟筱琪談，「我的爸媽真的可以像別人的爸媽嗎？」筱琪告訴我，這樣是不行的，因為她的爸媽從小也是在高壓力的環境長大，爺爺奶奶或者外公外婆都是用同一套打罵的方式來教導他們，只是她好希望爸媽也可以關心她一下。

我問筱琪：「如果爸媽不照你的方式，就不算關心你了嗎？」筱琪愣了一下，說道：「爸媽希望我照他們的方式做，才叫乖小孩。」

我並沒有一句話就讓眼前這個小女生可以放下煩惱、笑逐顏開的能力，但試著去發現自己的「應該」規則，試著去挑戰這些規則，會讓我們看得更清楚，自己到底在哪些地方作繭自縛。

緩解反芻思考的小技巧

分心再聚焦

當反芻思考已經開始佔據你的思緒，你開始感覺到沒辦法思考的時候，分心—再聚焦的方法可以暫時幫助你脫離反芻思考的副作用。如果你手邊有正在做的事情，嘗試將注意力放在這些事情上面，然後隔一段時間，再將注意力轉回反芻思考上。

如果，反芻思考已經強烈到影響手邊的工作，或者手邊剛好沒有要做的事情，該怎麼辦呢？此時，請你利用感官來達到分心的效果。

請你環顧一下四周，嘗試著把你看到的東西說出來，如果在辦公室內，或許你會說：「我看到桌子、椅子、電腦螢幕、公文、白板……」當我們把看到的東西都說得差不多了之後，請再仔細觀察一下這些東西的細節，例如深色的桌子、上面有幾本書、這張桌子的邊緣的木皮有點脫落……黑色邊框的螢幕，上面寫著xxxx（品牌）、xxxx（型號），現在螢幕正打開，畫面是……如果漸漸地熟練了，請你加入其他的感官，例如可以伸手撫摸一下桌子，體驗一下桌子摸起來的感覺、或者彷彿可以聞到桌子的味道……。

當你在戶外，不影響安全的情況之下，也可以將眼前看到的景色逐一說出來。除了視覺之外，在戶外的感官經驗更多，你可以體驗一下微風輕拂過你的臉、手的觸感，或者聞到的味道，都可以幫助你分散注意力。

不過，要提醒你的是，分心—再聚焦法是為了讓我們暫時與反芻思考以及它所帶來的情緒隔離，並不是要把反芻思考趕走或忘記，所以在分心完之後，可以暫時將注意力放在工作上，但依然要找時間與反芻思考聊聊，才是根本的做法。

如何找個安全場域

有沒有一個地方，可以帶給你全然的平靜？在那裡，你可以自在地跟自己相處，暫時忘卻煩惱？如果有的話，這就是你的安全場域。

安全場域（Safety place）是心理治療在處理創傷經驗時常用的技巧，但在面對反芻思考帶給我們憂鬱或焦慮時，我們也可以利用這樣的技巧，暫時讓情緒獲得紓解，做為情緒避風港。

現在，你可以閉上眼睛想一想，曾經到過哪一個地方，讓你感到安心與放鬆？如果可以的話，請選一個自己可以到達的地方，身邊不需要有朋友或家人陪伴，也就是你自己一個人可以獲得平靜的地方。

如果你想到了，請閉上眼睛，仔細地回想，彷彿你已經回到了那個地方，善用你的感官去感受，彷彿可以再次看到那個地方的景色；你可以試著描述一下看到了什麼，越詳細越好，例如看到某個地方的海，看到遠處停著幾艘小船、低頭可以看到清澈的海水，底下有小魚游來游去……接下來，你可以試著描述聽覺、觸覺、嗅覺所接收到的感受，彷彿可以聽到海浪的聲音、聞到海水的味道、感受到海水打在小腿肚上冰涼的感覺，讓自己完全沉浸在這個情境裡。

當你沉浸在這個情境時，請注意一下自己的身體以及此刻所感受到的情緒，是不是已經慢慢地放鬆，並且感到愉悅與平靜。

你可以在這個情境裡待一下，然後慢慢地睜開眼睛，寫下剛才所感受到的一切；你也可以為這個地方命名，取一個只屬於你的名字，只要你願意，隨時都可以回到這個地方。

在反芻思考出現時，讓自己暫時回到安全場域，對情緒來說是一種自我保護，但不是逃避，要讓自己有更多能量面對這些負向情緒的衝擊。

你可以依照以下步驟練習，找個安全場域：

1. 請找一個不會被打擾的時段，靜靜地坐著，閉上眼睛。

2. 想像一個你曾經去過，在那裡可以感到安全與放鬆的地方，這個地方可以是戶外或室內。

3. 想像你再次回到那個地方，你彷彿可以看到那裡的景色，試著看一下四周，說說你看到的東西，盡可能越詳細越好。如果你能注意到一些細節就更好了。

4. 試著聽聽看，你在這個安全場域聽到的聲音，說說看你聽到了什麼。

5.試著聞聞看這個地方的味道，形容一下你聞到的味道。

6.伸手摸摸看，你在這個地方可以摸到的東西，形容一下手部的感覺，那些觸摸東西的觸感。

7.讓自己停留在這個地方一會兒，盡情享受這種平靜的感覺。

8.慢慢地睜開眼睛，趁感覺還未消失前，拿筆記錄下剛才所經歷的一切，並且幫這個地方取一個名字。

9.平時多練習，讓自己可以閉上眼睛，就回到這個屬於自己的安全場域。

未來時光機

你還記得高中二年級上學期第一次段考的國文考幾分嗎？我想大部分的人都不記得。如果你剛好記得，或許是那次段考讓你印象深刻，例如你第一次考這麼好或第一次考這麼差、考試當天恰巧拉肚子等等。

此外，你能說說高中二年級上學期第一次段考，對你現在的影響是什麼嗎？

有時候，我們認為一句話、一件事對我們的影響深遠，是因為我們把視角投入在這件事裡，當時間往前走，我們的視角仍然一直停留在原地，忽略了隨著時間、經驗和新增加的能力，會有新的體悟。如果你因為一件事始終走不出來，也許是即使年紀再長，你處理事情的方式，還是用小時候學到的那套一樣。

所謂的「經驗」，如果不是隨著時間不斷改變、前進，頂多也只是同一個方法用了幾十年而已。反芻思考告訴我們，現在發生了「跟我們的經驗不一致」的事情，就是給我們一個機會，重新去修改自己的經驗，或得到一些成長。

「危機就是轉機」是大家都耳熟能詳的話，但是在危機到來的時候，很少人可以這麼冷靜，所以我才會在前面先介紹正念與安全場域等「放輕鬆」的技巧。身體放鬆了，頭腦才有空間可以轉動，否則，「認知轉換」做得再多，只會覺得又往腦子裡塞了一堆大道理，根本沒用處。

當你試著放鬆了，請你開始想像，你得到了一台時光機，然後坐著它，來到一個月後、一年後、三年後或十年後。請你試著想像一下，反芻思考現在告訴你的話，在一段時間以後會有什麼樣的改變？此刻它對你的指責或批評，到時是否依然成立？

請你試著想一想，在一星期、一個月、一年後、三年後或十年後，你可能會做些什麼事、獲得什麼成長，讓反芻思考可以乖乖地閉嘴？在這個過程當中，有沒有可能，你的生活會有所轉變，讓原本擔心的事情都不再是問題？

在此必須提醒大家，有時候，我們的想法不見得這麼正向，搞不好你坐了時光機到未來會發現問題依然持續，此時請你先讓反芻思考安靜一會，想想在這段時間裡，你有沒有嘗試為這個問題做出一些努力？或者，根據你的經驗，你在這段時間裡會做些什麼？試圖讓反芻思考知道，你也是有能力改變現狀的。

電影院觀眾視角

請你回想一下，在你所看過的電影之中，導演的運鏡技巧是否令你印象深刻？有些時候，導演會用第一人稱的視角來描述事情的經過，有時候會用第二人稱的視角來看另一個人的行為，有時候會以長鏡頭的方式，用第三人稱的視角來看整群人在做什麼，或者加入一些旁白描述，客觀地說明電影發展的經過，或者評論整部電影裡的人物和事件。

當你陷入反芻思考時，是身陷在第一人稱的視角裡，我們生活中大部分時間也都是用第一人稱的視角看事情，但是視角的轉換，能夠讓我們「盡可能」地逼近事情的全貌。雖然我們不可能看到事情的全貌，那只有上帝才能做到，但是盡可能地逼近全貌，已經足夠幫助我們減少反芻思考的影響力了。

好，把鏡頭轉過來，請找一個安靜的地方，回想一下引起你反芻思考的事情，先試著用第一人稱的視角，說說這件事情的始末，盡可能地包含人、事、時、地、物，接著把鏡頭轉向事件中的其他人，想像一下用他們的視角來看待這件事會是如何，你也可以幫這件事裡的人物加一點內心的旁白。

＊

俊成在公司裡負責某項業務已經有好一段時間，最近他突然發現，老闆把這項業務的某些廠商分配給另一個同事去負責，這讓他感到不解。

我請俊成使用第一人稱視角，描述這件事情的經過，他說：

「我在公司擔任行銷經理很多年了，跟負責的廠商關係也十分良好，但是我最近得到消息，老闆指派我的同事麗揚負責接洽一家大廠，我就很生氣啊！麗揚是新人，她憑什麼可以負責這麼重要的事情？這樣我算什麼？」

好！讓我們把鏡頭轉到俊成從麗揚的視角說說話：

「我在公司裡擔任副理，上面有經理俊成哥，他很照顧我，對我很好，俊成哥能力很好，負責很多業務，常常忙不過來。有一天，老闆叫我過去，請我負責接洽一個大廠商，這讓我很緊張，我怎麼做得來呢？我很想問老闆為什麼不給俊成哥負責，但想到俊成哥每天都忙到那麼晚才回家，接了這項業務，不就更沒有時間休息了嗎？但是……如果不知會俊成哥，他會不會覺得我在老闆面前爭寵、邀功？好為難啊！」

說到這裡，我很意外當視角轉換成麗揚時，俊成會說出這些話，這些話來自於俊成對麗揚的了解，認為她可能會這樣看待這件事情，她可能也會很緊張，這時，俊成脫口而出：「真是的，可以找我幫忙啊！我又不會多想什麼！」

最後，我請俊成使用電影院技巧，也就是把鏡頭拉遠，甚至拉出布幕外，用一個觀眾在看電影的角度解讀這件事，俊成說：

「俊成在一家行銷公司擔任行銷經理，多年來表現良好，也深得長官的信任，跟負責的廠商之間也處得很融洽。有一天，公司接到一個新的案子，是國內一家重量級的廠商，俊成理應是不二的人選，但是，俊成的工作量已經滿檔，如果接下這份工作，可能會經常加班，沒有多餘時間照顧老婆和小孩了。老闆可能考量到這點，於是找副理麗揚來接手，她雖然資歷比較淺，但受過俊成的調教，已經可以獨當一面，麗揚雖然感到為難，但也認為是一個挑戰就接受了。接下來只剩如何告訴俊成這件事，這可真困難，因為俊成比較玻璃心，又容易胡思亂想，但怎麼可能瞞得住他呢……」

說到這裡，俊成笑了出來：「對啊！老闆在想什麼！雖然我很玻璃心，但也沒有這麼脆弱好嗎？」

這可不是俊成在自我安慰，整段過程都是從俊成自己的腦袋提取出來，依照俊成眼中的老闆、麗揚，重新將故事情節解釋一遍。所以，這絕對不是標準答案，**事實上，我們所有對於想法的覺察、整理，都不是爲了找尋標準答案，而是在找尋「這件事對於我所代表的意義」**，這樣認知轉換的目的，絕對不是很阿Q地叫大家「正向思考」，而是透過重新敘述這個事件，讓反芻思考知道，這件事有不同的可能性。

反芻思考的Office time

想像一下，如果在你忙碌的時候，朋友正好打了電話過來，你要怎麼辦？

大部分的情況是，如果我們所處的情境允許接電話，可能會拿起電話，簡短地告訴他「我正在忙」，再約個時間回電。如果我們處的環境是不允許接電話的，可能會不接，傳個line訊息告訴他，有空的時候再談。

如果以上的狀況，你覺得理所當然，一點也不會對對方感到抱歉，那為何在反芻思考來拜訪的時候，會不顧一切地跟它聊了起來呢？所以，應該要為反芻思考設定一個office time，找一個時間專門與它對話，這個時間就是它專屬的，不會再排給其他事情，過程中也盡量不要被打擾。

在這個office time裡面，一開始，我們可能還沒辦法練習到書中提到的任何一個技巧，因為全程都是反芻思考自己在講話，我們只有聽的分，而且情緒可能也不太好。沒關係，我們可以尊重它，不管它要講什麼，在這個office time裡都可以講，但時間一到，它就得暫停，明天再繼續。

你可以試著在心中與反芻思考做出約定，當它來拜訪時，請它有什麼話等到office time再說。我們也可以先拿紙筆記錄下它要講的話，提醒自己告訴它，如果到了office time，這件事不重要了，那更好！證明反芻思考要跟我們說的，並非是一些了不起的大事。

記得，一旦設定了office time，就要確實執行，時間長短可以討論。漸漸地，你會發現，在這段時間裡，我們發言的時間越來越多，能夠討論的事情越來越多，跟反芻思考也會漸漸地從對立走向朋友的關係。

你的擔心會成真嗎？

有一陣子我認為自己是一個很差勁的心理師，反芻思考也不斷地提醒我這件事，告訴我哪邊又犯錯、哪邊又做不好。結果我聽了反芻思考的話，每天都以戰戰兢兢的心情來工作，而工作的時候，我最擔心的是我自己，「他會不會覺得我做得不好？」反而忽略了這個人真正的問題所在。因此，我決定告訴反芻思考，你的訊息我接收到了，在你說那些話的時候，我的確做得不好，但是一直罵自己，只會讓我在工作上的壓力更大，所以我想就算在個案面前承認做不好也無妨，然後負起我該負起的責任，繼續練習與改進。

當我跟反芻思考承認自己做不好的時候，心中頓時覺得好輕鬆，因為我開始發現，我的人生是有選擇的，我可以知道什麼對我來說是好的？什麼是不好的？有些想法是打著「為你好」之名，其實是要來影響我、打擊我的！

當遇到困難、反芻思考出現時，我們先不用被它拉走，可以請它告訴我們，接下來的狀況會怎樣？有什麼事情發生？

均鈺今年高三，正準備參加升學考試，但是她非常焦慮，很怕自己考不好，上不了理想的大學。跟均鈺談了幾次之後，我發現她的成績其實沒有明顯的進步或退步，都維持在差不多的水平，而她實際上擔心的是，如果考不上好大學，會因此跟男朋友分手。

這是反芻思考告訴她的：「沒有人會喜歡考不上好大學的女

生，男友成績那麼好，他會因此而看不起我。」因此，當反芻思考這樣告訴她，或許可以預測一下，考上哪些學校，男朋友就會跟她分手呢？反芻思考真的可以掛保證，男友一定會跟她分手嗎？如果可以的話，是在哪一天？會用什麼樣的方式分手呢？

均鈺一時之間愣住了，「這……我怎麼知道，總之就是會分手！」但這樣實在太籠統，跟「人都會死一樣」一樣，怎麼講怎麼對。如果反芻思考這麼有把握，請它給一個確定的期限和劇本吧！用編劇的角度說說看，結果到底會怎麼樣。

如果真的給出來了，我們不妨就跟反芻思考來打個賭吧！看看這個情況到底會不會發生。在這段時間裡，邊走邊看吧！反正日期跟結果已經定了，狀況最壞就是這樣，在這段期間，我們透過努力得到的收穫都是多賺的呢！

預防「自我驗證預言」

在反芻思考的影響下，我們要十分留意自己在不經意之下出現自我驗證預言。面對反芻思考，我們常常會使用逃避、拖延、攻擊三種方式，而這些方式，恰巧都助長了自我驗證預言。

例如案例中提到的均鈺，與反芻思考打賭之後，就要小心出現自我驗證預言。均鈺可能會逃避課業、逃避面對考試，沒有複習功課，心不甘情不願地參加考試，自然得不到好成績、考不上理想的學校，最後，理所當然地跟男友分手。但是，這真的是成績不好、考不上學校造成的嗎？正確地說，應該是均鈺消極的態度、低落的情緒，導致最後的結果。但反芻思考才不管那麼多呢！總之，它的預測成真了，就可以繼續大放厥辭啦！

同樣地，拖延與攻擊也促進自我驗證預言實現。均鈺不想面對複習功課、不想面對自己還不理解的地方，回家之後往往先去追劇、跟同學傳訊息，到了就寢之前才草草地看了一下功課，結果考不好，會跟原先所想的一樣。

或者，均鈺有一段時間變得有些憤世嫉俗，不斷在心中問自己：「成績真的能代表我的一切嗎？為什麼大家都要用成績跟學校來衡量我？」其實是她在衡量自己呀！一切的過程都發生在我們心中，是我們的想法影響我們的行為，讓原本擔心的事情變成真的。也因為這樣，我們根本沒有機會回頭去想，這個想法的存在合不合理？究竟反芻思考跟我說的合不合理？

所以，當我們正處在反芻思考的迴圈時，可以問一問自己：「我的行為是不是反而讓原本所擔心的事情成真了？」如果發現這個事實，並不代表我不好，改變行為就是了。

試試「翻譯蒟蒻」

在人際關係裡面，最怕的就是誤解。明明是一件沒什麼大不了的事，各說各話，最後造成雙方的裂痕，也影響彼此的關係與心情。反芻思考的說話風格也是這樣，它一句話不好好說，而是用指責、命令、嘲諷等方式，就算本意再好，聽在耳朵裡也不好受。而我們對於反芻思考說的話常常不是反駁、生氣，要不就是全然的接受，導致焦慮、難過。因此，我們要改善彼此之間的溝通方式。

大家經過前面一連串的練習，至少已經可以跟反芻思考說上話了，如果可以的話，我們可以來練習一下「翻譯蒟蒻」。它是日本卡通「哆啦A夢」裡的道具，只要吃下之後就能與說不同語言的人暢談無礙。

承翰是一個國小五年級的學生，因為專注力跟自我控制能力不太好，來找我做專注力訓練已經三個月了。我們進行腦波專注力訓練時，承翰不專心的腦波始終都沒有降下來，有一次，承翰媽媽治療後與我閒聊，問我：「心理師，在你的經驗中，其他小朋友訓練的進度怎麼樣？」

我回答：「有快有慢，有像承翰這樣進步緩慢的，但也有進步很快的，我手邊有幾個小學一年級的學生個案，訓練個兩三次，就有明顯改善了。」

此時，承翰媽媽轉頭念了一下：「欸！人家才一年級，你五年級了耶！」承翰愣了一下，很生氣地回答：「怎樣啦！」

氣氛頓時變得很僵，還好我跟他們母子的交情夠好，趕緊擋在他們中間，詢問承翰媽媽：「承翰媽媽，聽起來你很擔心承翰，為什麼練習了這麼久還沒有進步對嗎？可是你有沒有發現，你剛剛的語氣裡好像出現了指責？」承翰媽媽點點頭，表示自己很擔心，萬一承翰一直沒有進步怎麼辦？

我對承翰說：「我知道這兩三個月來，你很努力地做這個訓練，但是剛剛你的反應看起來好像在責怪媽媽沒有看到你的努力？」

其實雙方都有各自要說的話，只是口氣跟語句使用不當，讓彼此心理不舒服。

反芻思考不是故意要傷害我們，但是講出來的話都帶著刺，讓我們受傷。

在心理師的養成過程中，從別人的言語、行為推測出背後真正的動機，是很重要的能力，但這個能力不會也不應該是心理師專有的，在日常生活中，我們都可以培養這樣的能力。要怎麼做呢？首先要先讓自己的情緒穩定下來，不然面對對方的言語，早就爆炸了！

情緒穩定是很重要的基礎，練習先前提到的幾個小技巧很有幫助。接下來，我們可以問問自己，「對方這樣講，真正的目的是什麼？」即使對方當下有比較多的情緒表達，我們也可以問自己，「對方這樣的情緒表達，想要得到的是什麼？」每句言語、每個情緒，都有各自的效用，我們也可以先從自己觀察起，將內在的語言與情緒都各翻譯一遍。

坦然接受反芻思考

當你把上面幾個小技巧都練習過，也能夠充分使用，反芻思考並不會真的消失。

什麼？這樣還不行？那我做這個練習是為了什麼？

這個世界充滿了細菌與病毒，雖然我們的身體有免疫系統支持，但只要一不小心，就有可能會生病，所以，生病是避免不了的。同樣地，在生活中也充滿著挫折，很容易遇到與我們的自我概念或安全世界違背的事，引起我們反芻思考。

過去，我們一直糾結在反芻思考裡面，希望這些想法趕快過去，盡快擺脫它所帶來的負向情緒，或者過度緬懷過去、擔心未來，即使反芻思考已經帶來傷害，我們仍然抱持著這樣的態度與方法。甚至，有的人為了想要讓反芻思考安靜一點，選擇了抽菸、喝酒等鴕鳥方式處理。

與其壓抑或逃避，倒不如承認反芻思考就在那邊，只是過去我們自以為聰明地用了許多不可行的方法，想要讓它消失。練習接受反芻思考，需要使用一點電影院觀眾技巧，把自己當作一個觀察者，把目標放在接受與觀察，客觀地說出目前的狀況，以及我們所觀察的故事裡，每個人的情緒與想法、每個人應該要做的事（請注意：「每個人」都有自己應該要盡的責任）。然後，承擔起我們自己該做的，該怎麼做，就怎麼做。

聖嚴法師說：「面對它、接受它、處理它、放下它。」如何面對反芻思考、如何與它對話，是一件不容易的事，想要進一步地承認反芻思考無法消除、承認有些地方就像反芻思考所說的，還不夠好，又更困難了。

對於反芻思考的話，我們可以選擇不要照單全收，只選擇接受事實，而不接受情緒。它對我們所說的話，通常都帶有一點扭曲，也就是只有一部分是真實的，另一部分就比較誇大了。接下來我會介紹這些認知扭曲，幫助大家了解反芻思考的說話風格，從中提煉出有用的線索。

反芻思考的說話風格

當我們開始使用前面幾個技巧來跟反芻思考聊天，可以慢慢地找到反芻思考的說話風格，發現跟它對話總是有一點卡卡的。其實，反芻思考就是我們內在聲音的代言人，從反芻思考的說話風格，可以發現自己用什麼樣的角度來看待事情。當反芻思考用以下的幾種風格跟我們說話的時候，很有可能會引起負向情緒，不可不慎：

情緒化

在反芻思考的邏輯裡，情緒才是王道，也是一切的原因與指標，任何不好的事情都可以跟它相關，只要出現負向情緒，就代表生活中什麼都是負向的。

我在寫這本書的時候，遇到我爸爸因為大腸癌而住院開刀，接到電話的時候，我正從診所準備走到捷運站，在那一瞬間，有一種「全世界都完了」的感覺……對，就是全世界，包括我的工作、爸爸的健康都完蛋的念頭……反芻思考這次不跟我說話了，它呈現了好多可怕的畫面給我看。但是，等等！這是真的嗎？走著走著，我開始注意到這是反芻思考的說話風格——的確，爸爸生病這件事帶給了我很大的衝擊，但我今天還是有遇到值得高興的事喔！這兩件事情並不違背，就算爸爸生病了，在此之前，今天我其實過得還不錯耶！

當反芻思考開始用情緒化來嚇我們，請讓情緒分流，從哪來的，就歸哪去。回到租處，我又打了通電話回家，詳細地了解爸爸的病情，心裡比較有個底了，就算心情還是悶悶的，至少給大腦空出一點空間來運轉，而不是全然被情緒所包圍。

不講理

反芻思考在找尋罪魁禍首的時候，很多時候會把責任歸咎在自己身上，或把責任推給別人。或許你會覺得奇怪，一件事情發生了，不就是自己或是別人的責任嗎？的確，但反芻思考的推論過程大部分都過於簡單、過於依賴經驗，而忽略了其他可能性，或者其他因素的影響。更慘的是，反芻思考通常會把責任「全部」推給自己或別人，而忽略了大家應該都要負起責任。

要嘛就是不負責任，要嘛就是把責任都往自己身上扛，十分蠻橫無理。

既然如此，我們就要試著跟他說理，避免被它拖著走。請注意，說理不代表就要跟它爭辯，要把它壓下來。誰講話大聲誰就贏，是解決不了事情的。

我們可以試著畫個圓餅圖，跟它討論一下，這件事情有誰該負責任，以及該負多少責任？一開始反芻思考會把責任丟給別人或自己，我們可以進一步問下去，「如果我／他人真的負擔起百分之百的責任，就可以解決事情了嗎？如果是的話，該怎麼解決？」

我很喜歡看籃球比賽，有些球賽非常刺激，到了比賽最後幾秒，雙方只差一分、兩分時，執行最後一擊的球員如果沒有投進，往往就會成為罪魁禍首；或者輸球之後，當天發揮最為失常的球員也會被揪出來。

「找戰犯」這件事時常發生，但是，一場比賽的成敗，真的只是一個人的原因嗎？

不只是籃球賽，在生活中，很少事情是我們自己獨立完成的，即使是像考試這麼個人化的事，也有一部分的變數不是掌握在自己手上，例如考題的難易度、考試的時間、考試當時的身體狀況等，我們只能盡可能地增加自己可以掌握的程度。

但反芻思考就不這麼想了！就算他人也要負責，還是我的責任最大！或者，都是他人的責任，我什麼都做不了！如果是這樣，我們也太看得起自己或他人了。一個巴掌拍不響，只要是人跟人的互動，一定是一個願打、一個願挨，最怕的是打的人或挨的人以為自己只能打或只能挨，不願做出改變，讓這樣的狀況一直持續下去。

在臨床上，許多父母經常有這樣的迷思，認為孩子講不聽，只能用罵的，到最後，不是怪罪自己不會教孩子，就是責怪孩子不受教。在這種情況下，當事人只能尋求自己做最大的改變，然後靜待他人或環境的改變發生。

你有沒有發現，找罪魁禍首通常是球迷在做的事，為了填滿因為自己「支持的球隊輸球」而帶來的失落。罪魁禍首只是他們宣洩情緒的出口而已。我在寫這本書的時候，正值籃球亞洲盃資格賽如火如荼地開打，台灣隊以四十分懸殊比分輸給了日本隊，無緣角逐亞洲盃。幾天之後，我在新聞上看到台灣隊的球員神采奕奕地準備之後的比賽，身為球迷的我心中忍不住責備起這些球員，但轉念一想，不管前一天比賽的結果如何，他們仍然打起精神繼續練習，不就符合那句老話「勝不驕、敗不餒」嗎？

與反芻思考溝通不良時，不妨請它等一下，別急著找出罪魁禍首。如果我們必須要負責任，那就負吧！負我該負的，做我該做的，讓反芻思考停止過度反應。

心理師不會讀心術？

從我進入大學念心理系開始，到後來當上心理師，許多人常會問我：「你知道我在想什麼嗎？」我的回答是：「我又沒有讀心術，怎麼會知道你在想什麼？」就算在醫療場域裡，我所受的專業訓練，讓我可以用觀察行為、心理測驗工具去推估一個人的心理狀態，但若個案不開口或不配合，根本沒有足夠的資訊可以判斷。

在生活中，我們總會不知不覺地使用讀心術來引導行為。反芻思考似乎可以知道別人在想什麼，而且不需要過多的證據就可以判斷，但很不幸的，這些判斷大多都落到兩個下場：責怪自己或責怪別人。

臨床上，如果要計算次數經常被詢問的問題，最多的大概是這樣的公式：在敘述完他人的行為，或他人如何對待自己之後，問我：「心理師，所以你覺得他在想什麼？」，或者「他這樣是不是代表——？」

這樣的句子往往透露了「他這麼做，是不是代表他不愛我了？」、「他這麼做，是不是沒有把我放在心上？」的不安。

我的回答是：「你覺得呢？」

姑且不論個案所陳述的是不是事實，但就算是我在現場，我看到的事實，也不見得是真的事實。如果你有過看電影的經驗，當我們看完電影後跟朋友討論或上網去看影評的時候，會發現別人的意見跟我們不盡相同，例如主角為什麼要這麼做、哪一個角色在想些什麼、電影最後留下的伏筆是什麼意思等等。

所以，我們對於他人的想法，其實是「我認為『他會怎麼想』」，這跟我們的安全世界的信念裡「他人的想法、行為背後的原因」很像。不管事實是如何，我們會用自己的想法來揣想他人。

水晶球效應

「不知道未來會怎麼樣」，是一件令人感到焦慮的事。如同讀心術一樣，有些人傾向去預測未來。我們對於未來多少會有憧憬與想像，也會基於現實的狀態，去預測未來可能會發生的事。但是，反芻思考所預測的未來，大多是較為果斷的、百分之百可能發生的，即使如此，我們還是很容易被它所說服。與杞人憂天不同的地方是，反芻思考都可以提出證據，告訴我們未來可能不樂觀，但是這些證據也如同它在讀心術裡用的手段一樣，過於武斷與主觀。

這個現象稱作可得性捷思法（Availability Heuristic），意思是我們在思考某件事情的可能性時，會傾向從腦海中可以想到的內容去提取。例如，台灣在幾年前發生了一件捷運隨機殺人的事件，當時有許多的家長帶小孩到我的診所來評估，目的都是擔心孩子某些不當的行為，日後會變成跟那個兇手一樣。

「可得性捷思法」在面對日常生活問題的時候，有一部分是好用的，例如我想要買一輛新的機車，首先想到的，是到我家附近的幾間機車行詢問，這就是可得性捷思法。這幾家機車行中，真的可以找到價格合理、售後服務好的店家嗎？不確定，我得去上網搜尋評價或詢問身旁朋友的經驗，但這些都需要多花一些心力與時間。你發現了嗎？可得性捷思法只能給我們一個「堪用」的答案，但無法給我們最好的答案。

這世界上真的有最好的答案嗎？或許有，但如果我堅持要找到「價格最合理、售後服務最好」的店家，那搜尋範圍可能無法只限定在我住的區域或縣市，連外地也要一起搜尋，最後找到的，或許離我家太遠，根本不方便。

所以，我們只需要找「夠好的」或「相對好」的答案就可以了。以買車的經驗來說，我可能不只要搜尋我家附近這幾間車行，還要將搜尋目標擴大到活動範圍，例如鄰近的幾個行政區，至於在幾個行政區外的店家，就算找到更好的，也派不上用場。

反芻思考同樣是用「可得性捷思法」預測未來，它用的方式或許看起來合理，也可能過於依賴直覺與經驗。經驗可以是一個助力，也可能是一個限制，但還是回到我常問我個案的那句話：「它這麼講，你就這麼信了？」

災難化

我很喜歡看籃球比賽，在籃球比賽裡，大比分、屠殺對手的比賽固然好看，但處於逆境中，一球一球的打、一球一球的防守，從追平到超前，這種比賽才真的刺激。

在觀看球賽轉播時，我對球評的一句話印象深刻：「能夠打到這個層級的球員，籃球技術都差不多，重點在於心理素質。」有些球員只會打順風球，遇到落後的比賽，總是兵敗如山倒。

「兵敗如山倒」正是反芻思考的最佳寫照，它常對我們說，我們已經落入絕境了。我在念書與執業的過程當中，曾有好幾次認為自己遇到人生的絕境，這些狀況包括：考研究所的前一個月被診斷出一隻眼睛有嚴重的視網膜剝離，必須馬上動手術，不只研究所考試泡湯了，手術之後也無法做劇烈運動。念研究所的時候，某天老師調動了課堂報告的順序，我的報告時間從兩週後被移到明天，所以必須一個晚上讀完五十頁的原文書，並且做簡報；在新診所工作的第一天，第一個治療的小孩在治療室裡大發飆，把遊戲用的沙子全部倒在我身上，然後再也沒有回診。

看完我的經歷，或許你會感同身受，或許你會認為「這算什麼絕境啊？」

是啊！我們所認為的絕境，認真地說，大部分都不是真的山窮水盡，都是我們自己想像出來的啊！我們不需要拿別人的經歷來突顯自己的遭遇有多慘或有多輕鬆，這樣一比，世界上永遠有比我們的遭遇更慘或更好的事。我們要停下來想一想的是，當反芻思考告訴我們「這是絕境了」，我們是否能找出一些理由來與它討論，有沒有其他的可能性？

貼標籤

我在精神科診所工作，直到今天，還是有人告訴我，到這裡看診，需要有很大的勇氣，害怕自己因此被貼上標籤。

貼標籤也是可得性捷思法的「遺毒」，作用同樣是為了思考與分類的方便，為了計畫行動的方便。（有沒有覺得我們的大腦其實很偷懶？）

還記得前面提到我幫自己貼了一個「不會畫畫」的標籤嗎？這

個標籤或許適合，但也減少了很多成長的機會，因為我連塗鴉的意願都沒有了，更別說要享受畫畫帶來的好處，像是可以有情緒抒發的機會、培養美感……等等。

「標籤」對我們來說，只能提供一個粗略的分類，且忽略了其他的可能性。當反芻思考幫我們貼上「失敗者」、「壞學生」、「壞情人」、「笨蛋」標籤時，也告訴我們，我們在這個標籤底下不會有成功的事情，久而久之，我們也習慣帶著這個標籤在身上，用它來指引自己的行動。

抱歉，標籤是不允許有例外的，如果有的話，那一定不是真的。就像我有位個案，每次考試都不及格，有一天他奮發圖強，考了八十幾分，卻被老師質疑是作弊得來的。如果你看到這裡，會認為老師不應該給學生貼標籤，要給他們努力與證明自己的機會，那你是否也可以低頭看看身上是否有自己幫自己貼的、別人幫自己貼的標籤，然後問問自己，是否可以再給自己一次機會？

思考兩極化

反芻思考不容許我們出現一點點的失誤，如果做錯了，就要求我們整個砍掉重練，順便也把我們先前的努力一起擦掉。總之，不成功便成仁，失敗了什麼都免談。

「情人眼裡容不下一粒沙」正是兩極化思考最好的例子，如果你的情人眼中真的連一粒沙都容不下，那生活只能過得戰戰兢兢，盡量避免與其他異性有「不必要」的接觸，而且這個「不必要」還是另一半說了才算。

反芻思考很容易幫我們設下兩極化的標準，如果不是成功，就是全然的失敗，是一個極端的完美主義者。完美的定義還是反芻思考自己訂的，不容許我們辯駁。雖說每個人都希望自己能成功，但如果前方擺了一個「只許成功」的規定，做起事來只會綁手綁腳，反而更不容易成功。只許成功這個規定也會越來越嚴格，我們只好再給自己更多的壓力。

承萱的反芻思考，就是這麼告訴她的。

我初次見到承萱，她穿著第一志願高中的校服，她告訴我，自己成績很不好，覺得心情很差。我問她有多不好呢？她說全班第五名。

承萱的反芻思考總是告訴她，為什麼沒辦法考到第一名呢？因為自己不認真。我第一次知道，原來每天放學後去補習、回到家複習功課到半夜兩點，這樣叫做不認真。在一次段考後，承萱告訴我，她這次還是考第五名，她打算再認真一點，每天念到半夜三點……

「我應該」規則

反芻思考所扮演的角色，已經不像我們原本所想的，只是一個豬隊友這麼簡單，漸漸地，它會拿下主導權，從球員、教練兼裁判，由它來告訴我們應該怎麼做，做得好不好。

反芻思考會告訴我們「應該」要怎麼做，事情「應該」要怎樣發展、他人「應該」要如何，只要違反了這些「應該」，它就開始發出警訊。

往好處想，這些「應該」規則或許是一種鼓勵，但你想想看，反芻思考的說話風格，它的鼓勵背後是否隱藏了責備呢？當反芻思考告訴我們「應該」要怎麼做的時候，往往隱含著「如果沒做到，我就是一個失敗者」的意涵。而且，這些「應該」規則往往都設得過於嚴格、不考慮現實的情況，或者過於道德化與理想化。

我在從事心理師生涯的前幾年，認為我「應該」要幫助每一個來找我幫忙的個案，甚至「治療好」每一個個案，所以當個案告訴我，經過了一小時的心理治療，他的心情依然沒什麼改變，或者個案在結束治療之後，再也不來了，我都會感到十分沮喪，不斷思考自己是不是有什麼地方沒有做好。直到在我手上失敗的個案越來越多，我才慢慢發現，我沒有辦法幫到「全部」來找我的個案，而且我也無法處理「每一個」個案的問題，這種感覺就很像眼科醫師不會開肝癌手術一樣，我只能處理幾十種心理疾患的其中「一部分」，以及盡量讓「大部分」來找我的個案有所進步。

在碩士班一年級、剛學心理治療的時候，教科書會告訴我們，要成為一個好的心理師有幾個重要的特質，其中一項是「承認自己的無能」，當時還抱持著「應該」規則的我，看到「無能」這兩個字覺得很刺眼，我怎麼會無能呢？現在回想起來，在某些地方，我們都是無能的，不是嗎？

不公平的比較

「為什麼我的爸媽不能像別人的爸媽一樣？」、「為什麼我的小孩不能像別人的孩子一樣？」、「為什麼我的情人不能夠像別人的情人一樣？」……在治療室裡，有許多人問我這樣的問題。

如果我們自己是那個被指責的對象，心情應該會不太好，但在我們心中，有個人一直在拿自己跟別人比較：為什麼我不能像他人一樣好？為什麼他人可以比我有更好的待遇？

這樣的傾向，讓我們不能單純地去看待生活中發生的每一件事。除了在工作上、能力上的比較，社群媒體的盛行也讓我們無時無刻都活在與他人比較的世界中。如果此刻打開社群媒體，看到朋友出去玩或出國的訊息，很容易讓我們有「別人都過得比我幸福」的感覺。

如同父母跟孩子說「別人家的孩子的表現都比較好」一樣，「別人家的孩子」是一個想像的綜合體，可能集合了父母對於理想孩子的想像，如同我們在想像別人的生活、別人的能力一樣，多少都包含了一些誇大和自貶的內容。

這樣的比較是不公平的，在心理上強行的希望每一個人都平等，卻忽略了真實的訊息，這些訊息無關好壞，只是每個人所擁有的資源、表現都不同。但在這樣的比較背後，其實隱含著每個人心中沒有被滿足的地方，反芻思考看起來張牙舞爪、盛氣凌人，實際上卻有著一顆玻璃心，它對我們所有的指責，在在都反應了它遇到挫折的不知所措。

別忘了，反芻思考就是我們自己。

回應反芻思考的方式

反芻思考就是我們自己，找到了反芻思考的說話風格，其實也是找到了「我們怎麼自尋煩惱的風格」，如果我們接受了反芻思考所說的一切，不只會造成情緒上的負擔，也會在不知不覺中，使用NG的反應方式，這些方式通常是過與不及。

NG版

過度負責VS.避免負責

如果反芻思考告訴我們，我們要為所發生的負向事件負起全責，而我們也相信了，就會擔起原本不屬於我們的責任，但這個責任實在太大了，所以有些人乾脆選擇不行動，反正沒做事，就不用負責任了。

薇茜跟芸甄是好朋友，在學校中，有些同學不知道為什麼，開始霸凌芸甄，散佈一些關於她的不實謠言。薇茜很想幫芸甄發聲，但因為擔心班上的惡勢力，加上自己在班上朋友不多，說話也沒人聽，因此不表態，事後芸甄因為受不了同學的攻擊而轉學了。這讓薇茜心裡非常自責，認為芸甄的轉學都是因為自己，如果自己再勇敢一點、如果自己再多說幾句話、如果自己……事情就不會這樣了。

許多在感情上遇到挫折的人也會有這樣的狀態，他們列出自己做得不好的地方，譴責自己不懂得改變、不懂得珍惜，才會有這樣的局面。如果這樣的經驗多了，有人開始「累了」、「不想談感情了」，其實是害怕再次在感情中承擔責任。

真正的負責，是承擔起自己該承擔的，硬去承擔自己擔不起的、或自己不該擔的，只會吃力不討好。

過度尋求認同VS.過度逃避

雖說我們可以從他人的反應裡，建構起自己的自我概念，但什麼事都要尋求他人的認可，只是反應了我們全無自我概念可言；或者，雖然有自我概念，但連自己都在懷疑自己。

在人際關係中，有些好好先生、好好小姐看起來很隨和、容易相處，但實際上是沒有自己的想法，或不敢表現出自己的想法，只能人云亦云，追隨大家的意見。那些完全沒有想法的人，表面上看起來對誰都很好，但遇到意見分歧、需要表態的時候，往往兩邊都得罪。

不敢表現出自己想法的人，雖然表面上贊同，但心中壓抑下來的情緒，會在意想不到的地方展現出來。

心理治療中有個概念叫「黑色點券」，意思是每一個壓抑下來的情緒或想法，都是一張黑色點券，當點券收集到一個數目，就會一次兌換，換得一次情緒大爆發。

奕君喜歡同辦公室的同事已經一段時間了，他總是認為自己不夠高、不夠帥，不敢向對方表達愛意。但每一次看到對方，總忍不住要跟她多說幾句話、多幫她做一些事，所以努力爭取跟對方一起合作的機會，並且承攬大部分的工作，女同事覺得很感動，但是無功不受祿，漸漸地，開始避免與奕君一起合作。

這讓奕君感到很難過，不停地問自己：「我是不是有什麼地方做得不好，為什麼她現在開始躲著我了？」心情感到十分沮喪。

過度控制VS.完全不控制

可預測性與可控制性是自我概念與安全世界帶給我們最大的好處，但如果自我概念與安全世界受到威脅，我們就會覺得事情脫離自己的掌握，這會帶給我們不安全的感覺。

為了擺脫這種感覺，我們會對事情有過度控制的傾向。在愛情裡，試圖掌握對方的行蹤或者奪命連環call，就是過度控制的表現，因為在這些人的世界裡，一點小失誤就有可能造成安全世界的崩毀或自我概念的改變。

有些人會採取放任的態度，看似是不控制，把控制權完全交給別人，但實際上是擔心自己無法做到百分之百的控制，反正終究會失控，不如就別擔心了。

這樣的狀況在生活中也常見，例如在考試前不念書或者在愛情中表現得豁達與大方，不過問對方去哪裡、跟誰一起，實際上是認為自己無法控制這個局面，所以故作瀟灑。

即便如此，真正的需求怎麼可能消失呢？心理需求其實跟生理需求一樣，肚子餓就是肚子餓，但當肚子餓了很久之後，對於吃到的食物，身體會盡可能地吸收營養，因為不知道還有沒有下一餐。要改善這個問題，只要定時定量的飲食就好，讓身體習慣定期會有營養進來。心理的狀況也是，我們需要足夠的控制感，讓我們感到安全。

情緒過度澎拜VS.情緒過度壓抑

如果我們容易對反芻思考的話做出反應，那可有得忙了，我們的情緒會隨著反芻思考所說的每一句話而波動，陷入極端的負向情緒裡，有時也可能會因為擔心反芻思考的責備，而先下手為強，表現出很強勢的樣子，欲蓋彌彰。在愛情中，擔心自己被拋棄、不被愛，除了過度控制之外，還有一種情況就是表現得難以取悅、甚至主動放棄這段感情，這些都是因應反芻思考所做出的反應。

有些人會刻意不跟反芻思考接觸，在情感上表現得過度理智與過度冷漠，對於什麼變化都事不關己，但同收集黑色點券一樣，也終會有情緒爆發的一天。

OK版

雖然反芻思考看起來無理又霸道，但回應它，並不是要跟它吵架或者在氣勢上把它壓下去，而是要讓它心服口服。如果你有過吵架的經驗，對於說話大聲的人，可能會暫時忍讓，心中則是全然不服，更何況反芻思考一開始就大聲嚷嚷呢？

只要掌握以下幾個原則，我們可以試著與反芻思考坐下來好好聊一聊。

別忽略了同理心

俗話說：「可恨之人必有可憐之處」，沒有人一生下來就是壞人，所以我們必須先同理，反芻思考會講出這些話，也是有原因的。除了先前提到的，反芻思考是用扭曲的角度在解讀事情，用一種或多種不適切的說話風格與我們交談，但我們可以想一想，所為何來？在我們的成長經驗中，經歷過哪些事或有哪些重要的人曾經傳遞給我們這樣的觀念？

了解一個人，要從成長背景開始，或許與反芻思考聊聊過去，會讓我們更能同理它，也更能體諒它。

找出哪些地方沒有被滿足？

有時候我們說出來的話，不見得代表內心真正的想法。當反芻思考啟動，我們可以試著想一想：「它想要什麼？」沒有人天生就想把自己逼死，只是用錯了方法，最後才把自己逼死。

小偉的工作能力很好，在公司裡被譽為「戰將」級人物，但小偉總是覺得老闆的行事作風不公平，例如在訂定年度計畫時，對於其他同事的目標業績，往往只有自己的一半。他經常被高標準壓得喘不過氣來，心中一直問自己：「老闆是不是對我不公平？」有一天，他因工作上的事與老闆發生爭執時，老闆說：「隨你怎麼想，你說我不公平就是不公平吧！」小偉說，反芻思考說服他，老闆就是不公平！那要怎麼辦呢？

從表面上來看，人家的業績要求是你的一半，這不叫不公平，什麼才叫不公平呢？但小偉心中所出現的反芻思考，真正的訴求到底是什麼？是覺得自己的工作壓力太大，想減輕一點工作？還是覺得自己努力工作的回報率太低？自己因為能力好而被「濫用」？還是覺得老闆不夠尊重自己的意願，在工作上自己沒有決定權與掌控權？

以上這些都有可能是反芻思考的需求，也有可能除了這些，反芻思考還有其他沒有被滿足的需求，但這一切都是以「老闆是不是不公平」這句話來代表。同時，老闆面對小偉的質疑，同樣放棄了反駁的權利，而老闆真的同意小偉說的話嗎？

在職場上，他人的一句「幹話」，可能會讓身邊的人受傷很久，甚至記得一輩子。網路上舉辦過「職場幹話票選」，其中有幾句令我特別有感覺，例如「對工作要有熱情，錢不是重點」、「不要想公司能給你什麼，先想你能為公司做什麼」，每一句話都足夠引起反芻思考運作好一陣子。

追根究柢，就是我們感受到了「不一致」、「不被滿足」。想想看，如果一家公司可以讓我們完全發揮所長、完全投入熱情，我們的確可以在一段時間內不計較收入，因為在這裡工作可以感受到開心與滿足。但如果這份工作無法給我這樣的感受，那就無法不計收入了；如果對於公司有認同感，把公司的工作當成「自己的事業」來經營，的確可以做到先為公司著想，問題是公司沒有給我這樣的感覺。

所以，我的需求沒有被滿足，難怪我的反芻思考吵鬧不休。如果找到了反芻思考的需求，也必須想想，這個需求以現在的條件是否能被滿足？如果認為沒有辦法，但又硬要達到這個要求，不就落入了「過度控制」的回應方式嗎？許多人不斷地抱怨工作，但遲遲不肯換工作，他們得到了什麼滿足呢？待在原本的工作環境裡，或許可以避免面對換工作之後對於前途未知的恐懼，或找不到新工作的缺乏自信。只是，在工作裡，他們心中又要求一些現狀無法達到的事，因而心情不佳。

所以，溫柔地問問反芻思考，找出那些沒有被滿足的東西。滿足可以滿足的，對於無法滿足的地方，決心改變或接受，才能真正安撫它。

還有沒有其他正向的可能性？

請記得，我們沒有要與反芻思考爭辯。雖然它不講理，但我們要試著跟它講理。

在生活中，與他人講理也是一件不容易的事，因為我們根本無法達到完全的理性，多少都涉入情緒的成分，所以我們才會認同那些冠冕堂皇的大道理，但實際上卻拒絕去執行。所以，當我們找到反芻思考真正需求之後，可以問問反芻思考，這件事情，有沒有其他的可能性？

在感情中遇到挫折，反芻思考習慣問自己：「他這樣做，是不是代表他不愛我？」、「他是不是生氣了，所以不接我電話？」……讀到這裡，我們大概可以猜出，其實是我們自己害怕對方不愛我了、害怕對方生氣而我無法處理，了解自己真正的需求、承認真正的需求，才有辦法讓反芻思考解套，因為反芻思考所問的一切都圍繞在「需求沒有被滿足」上面。

當我們知道了真正的需求，才可以溫柔地跟反芻思考說：「其實這件事還是有其他的可能性的，只是我真的太在乎了，所以才會這麼想。」

情緒被理解之後，我們才能讓想法漸漸理性，漸漸地接近事情的真相（請注意，只是「接近」，大多數的事情是無法得知真正的真相）。

佳儒正經歷一段痛苦的分手歷程，男友無預警地向她提出分手，並在分手的一個月後去美國留學。對於佳儒來說，這段感情結束得莫名其妙，她也在心中想了許多理由，包括男友是不是想要在出國之後開始一段新戀情？是不是自己在男友準備出國的這段期間沒有給予支持？是不是自己在感情中做錯了些什麼？

反芻思考這次完全找不到真正的原因，因為男友已經身在國外、失聯了，但佳儒第一階段要面對的是反芻思考正在告訴自己，「這段感情沒了，我不要！」反芻思考提醒她：「我在愛情裡建立的安全世界全部崩毀了！」所有她能找到的原因，都只是在回應愛情逝去的不滿足。唯有當不滿足的感受漸漸地冷卻，才可能幫自己找出一些正向的可能性。

如果你問我，那真正的原因到底是什麼？對不起，我也不知道。我只能找出一個相對合理、相對正向、相對符合責任分配的理由，讓自己相信。

例如「我做錯了什麼」，不見得是真的「錯了」，而是做了一件「對方不喜歡」的事，這樣的不喜歡，只是你與我的意見不同，而非誰對誰錯。但我們常常會把機率賦予意義，當兩個背景不同的人湊在一起，不適合的機率真的比較高，彼此需要磨合的失敗機率也比較高，但我們總喜歡貼上一些情緒標記，讓別人或自己為這個結果負責。

很多事情的發生，只是因為「我們都是原本的樣子」，如此而已。

這樣的事情不只發生在愛情與職場上，親子之間也相當常見。在臨床上，有些個案告訴我，因為親人說過一些傷人的話，讓他們記了一輩子無法釋懷。當我們繼續討論下去，個案也知道，以親人的個性或成長背景來看，會說出這樣的話，一點都不意外，而個案們真正在意的地方是「他怎麼可以這樣？」。

換句話說，就是「雖然我知道他這樣，但是面對我時，他不可以這樣」，這不就是反芻思考為了沒有滿足的地方，在吵鬧不休嗎？「還有沒有其他正向的可能性？」這句話不是自我安慰，也不叫做正向思考，這是在完全同理反芻思考之下，做出的想法轉換。

一個國中生個案曾經跟我說：「我爸爸在我考試考不好或我不

聽話的時候，就會狠狠地打我。但是我知道，他這樣做有他的原因，他從小也是被爺爺打大的，除了打之外，他或許不知道該怎麼管教我，該怎麼讓我達到他的要求。」

還有一個被劈腿的女孩跟我說：「我開始可以試著去理解慣性劈腿的人，他們總是無法在愛情裡得到真正的滿足，所以不斷地尋求新的關係。我一直想找到他為什麼會劈腿的原因，一部分也是不想要接受，我在愛情裡真的被拋棄了，我不想成為失敗者。」

除了繞到反芻思考背後，看看它真正的需求，我們是否也可以繞到他人背後，試著同理一下他人呢？

找尋意義，而非答案

與反芻思考相處是一個辛苦的過程，因為我們不斷地看到自己的缺點、不被滿足的地方，甚至看到自己的瘡疤與痛處。這一切都必須得到了解與體諒，我們才能真正進入「精緻化反芻」。甚至可以說，如果上述的任務都已經完成，我們靠著自己也可以達成精緻化反芻。

因為，解決問題是我們的本能。

相信在閱讀本書的你，已經具備了足夠的問題解決能力，先前你之所以裹足不前，或陷入反芻思考的圈套裡，是因為不夠了解反芻思考，以及不夠了解自己的情緒，否則，生活中大部分的問題都是有規則可循的，就算不照規則走，我們自己也可以想出解決方法。

我的父親因為大腸癌開刀，住院治療，因為開刀的傷口比較大，也有點年紀了，所以體力比較弱，躺在病床上，移動有些困難。我到醫院探望他的時候，他一看到我，就想要自己扶著病床的欄杆坐起來，但他的雙手插滿了注射的針筒，難以施力，但他並沒有要開口叫我扶他的意思。

這個舉動引起了我的反芻思考，在我的成長經驗裡，父親總是認為自己能力很好，對於一些自己不知道或不熟悉的領域，也很喜歡指導別人，就像有一次他還想指導我怎麼「輔導」我的病人。所以在當下，我心中響起的想法是「為什麼到了這個時候，你還不承認你需要別人幫忙？」，我看著他掙扎地起身，自己卻一動也不動。

僅僅是一句「爸，我來扶你」在我心中來回了好幾遍，卻總是說不出口。

面對生活中的各種問題，或許我們心中早就有了解答，甚至是最佳解答，卻因為反芻思考，讓我們無法動手，甚至反其道而行，對自己造成傷害。

回顧一下先前介紹的精緻化反芻，主要是在做「事情該如何解決」，以及「這件事對我來說代表什麼意義」兩個方向的思考。我在網路上看過一張流程圖，大意就是，遇到事情先想想你能不能解決，如果可以解決，那你在煩惱什麼？如果不能解決，煩惱也沒用。

這就是精緻化反芻可以帶給我們的幫助，當我們知道反芻思考真正的需求，精緻化反芻則負責提醒我們，我們所做的事情，真的可以達到反芻思考想要的嗎？

確定了目標，有了大方向才能往前走，最怕的是，我們搞錯了目標，或者設立了一個自己達不到的目標。例如想要一段有品質的感情，最好的方法是彼此給予也互相尊重，保持親密也留給對方私人的空間。但我們無法執行的理由往往是在感情中有過多的擔心，此時要處理的不是對方，而是自己的心。

面對自己的心情變化，以及在這件事情上的改變，試圖找出這件事的發生怎麼影響了我，我在這件事情上學到了什麼，是我們在經歷一切之後，可以讓「精緻化反芻」問自己的問題。它不只有告訴我們問題該如何解決，而是告訴我們經歷了怎麼樣的變化，以及所找到的意義。

隨著時間的推進，我們所感知到的變化與意義也會不一樣，這些變化與意義沒有標準答案，全看我們如何解釋，以及在這樣的解釋之下，我們能不能真正過得好。

在本書中的每一個故事、每一個角色，包括我自己所經歷的、所感知到的改變與意義都不一樣，你有沒有屬於自己的版本呢？

被男友劈腿的鈺婷告訴我，這個經歷帶給她的改變是，在愛情裡避免一開始就把太多的期待投注到對方的身上，這樣會讓她活在自己的想像裡，而忽略了與對方真實的互動。

面對孩子管教問題感到頭痛的政宸夫妻告訴我，他們開始試著去了解當老師與當父母是兩種截然不同的角色，它們有各自的屬性，有各自的優點與缺點，例如與孩子的親密感就是專屬於父母的，也因此他們要承擔父母這個角色所帶來的限制。

想跟同學組讀書會卻碰壁的于婷告訴我，被拒絕的確感到很受傷，但她可以理解大考在即，大家都想找強者進入讀書會，自己只是沒有被他們歸類在強者而已。這些人不是真正了解她，也不了解自己為了考試所做的努力與付出，所以才會做這個決定。如果真的以考上研究所為目標，他們的評價其實是可以不用在乎的。

每次我在檢討與個案會談的內容，發現自己哪裡做得不好的時候，都可以告訴自己，不管做得好不好，我已經做到此刻的我所能夠做到的事。如果我的目標是增進自己的治療功力，我需要做的是多增加對於這個情境的練習，以及聽取別人的意見。我也會罵自己，這是我的一部分，但我知道這是反應了我對於想要持續進步的焦慮。

你呢？對你來說，所遇到的困難，帶給你的意義又是什麼？

要提醒的是，不見得要順利度過難關才能夠找到意義，即使困難無法解決，也可以帶給我們的人生意義。當你認為工作環境不如人意，而產生反芻思考時，願意繼續做著這份工作的意義是什麼？我們要讓自己「受苦」，也總得有個理由，只要這個理由不是為了逃避，也不是為了避免接觸到不夠好的自己、碰觸到心裡的痛處，就是當下最好的理由。

建立更穩定的自我概念與安全世界

根據心理學理論，要達到創傷等級，也就是危及生命的事件，才會造成自我概念與安全世界的改變。

照這樣說，這本書中絕大部分提到的內容，都沒有緊急或嚴重到危及生命，又如何造成反芻思考呢？

在臨床上，我看到的例子是，許多人的自我概念與安全世界原本就不穩定，容易被影響，甚至有些人的自我概念原本就是負向的，安全世界也不安全。這就像一間房子的地基打得不穩，輕微的地震就可以震垮它。

在前面與反芻思考對話的過程中，已經慢慢勾勒出我們原本抱持的自我概念與安全世界的樣子，也就是，我如何看待自己、如何看待他人、如何看待世界很重要。另外同樣重要的是，我的自我概念與安全世界，是來自於自己、還是他人？

這些不穩定的自我概念，可能有：我是不好的、我是軟弱的、我無法掌控所有的事情、我是不討人喜歡的、我是不被愛的、我的存在是無用的……不穩定的安全世界可能有：別人是不可信的、別人是會傷害我的、別人對我做的事都不滿意、別人與我的關係不可能改善、我的未來沒有希望……等等。

或許你會發現，這些狀況有可能都是真的，我有軟弱的時候、有不好的時候，他人也有不喜歡我的時候。但是，在不穩定的自我概念裡，通常都是兩極化，也就是當有人喜歡我的時候，我就是有價值的；當沒有人喜歡我的時候，我就是沒有價值的，非常容易受到影響。

那麼，如果我認為自己是一個很有價值的人、別人都很喜歡我、我跟別人的關係都很好、我沒有什麼不好的地方，這樣的自我概念夠不夠穩定、夠不夠健康呢？

答案是否定的，因為過與不及都不好。

那要如何才算穩定的自我概念？讓我們先來看個例子。

我在社群網站上經營一段時間的粉絲專頁，其中有一篇文章因為得到較多的網友迴響，而被某知名雜誌收錄在網站當中。這對我來說是一個很大的鼓勵，所以我每天都會看一下網友在文章的留言區裡，留了什麼樣的意見。令我十分意外地，雖然有好評，但也有一些負評，其中還不乏摻雜人身攻擊。這些負評影響了我的自我概念，有一陣子我不太想上網去看這些評論，心情也很不好。但是，負評卻不會改變我的自我概念，因為在我的經驗中，我的文章與觀點還是「夠好」。

要留意的是，自我概念與安全世界不需要太強大，否則可能會對生活中的改變視而不見。但是，「穩定」、「接納」與「彈性」非常重要，我們隨時有可能接收到與自我概念相左的訊息，我們必須要接納這些訊息，因為它真實地發生了。而我們也需真實的接受自己有做不好的地方，這並不礙事，因為我們不是要當聖人，只是要當一個「夠好的人」，一個同時有優點、有缺點，能成功也會失敗的人。

我曾在電視上看過某位明星接受採訪時談到有些觀眾不喜歡他的音樂風格，他也能坦然地接受，因為他不是在討好觀眾，而是在吸引與他有相同看法的觀眾。至於有人與他看法不同，這不是因為他不好，也不是觀眾不好，而是司空見慣的事。

或許我們也可以練習用這樣的方式來看待挫折，當你能夠了解挫折對你帶來的意義，從中抽取出可以學習到的事，重新建立與微調自我概念、安全世界，才能夠因應環境的變化。

反芻思考會帶來心靈成長

「苦難是化了妝的祝福。」我念碩士班時，與指導教授一起探訪九二一地震的受災民眾，其中一位民眾與我分享自己的心得，說出這句話。我在腫瘤科與安寧病房做研究的期間，也有病友與我分享，罹癌帶給他的心靈的富足與成長。

如果我在病人剛被診斷出罹患癌症的當下，或在地震發生之後告訴他們，「加油，你會成長的。」八成會被白眼看待。因為這些成長不是用說的就可以體會到的，在我的研究裡，有許多人就一直困在反芻思考這一關，無法接受與找到意義，因而無法體會到挫折帶來的成長。然而，如果我們真的花時間與反芻思考深談，試著體會挫折帶給自己的改變，可能會經歷以下的成長：

感受自己的力量

心理學家Tedeschi與Calhoun曾經用「脆弱但堅強」來形容這種微妙的感覺。我們必須承認，無論是在情緒上或現實上，我們的確遇到了一些困難，我們也不夠有能耐去處理每一件事情，但是我們並不如自己想像中的脆弱。

即使處於挫折中、處於情緒波動中，我們依然努力地想要過好每一天，依然在反芻思考之中，努力找到解套的方法。

發現新的可能性

挫折可能會引導我們到一個新的方向，至於這個方向是好是壞，得試了才知道。

我有個朋友大學畢業之後為愛走天涯，隨著男友到離家很遠的地方工作，但是，在工作漸漸穩定之際，兩人卻分手了。她決定繼續留在當地生活。

我在一次旅行時順道去拜訪她，她帶著我到處走走看看，熱情地介紹她的朋友與我認識，我知道，她的生活已開啟了一個新的可能。我想，她當初做這個決定的時候，應該也是徬徨的。不過還是那句老話，試了才知道。

改變與他人的關係

在遇到挫折的時候，受到他人的鼓勵與幫忙，進而感到與他人的關係更緊密，是很好的心靈成長。

但是，在面對負向的人際關係時，例如受到傷害、背叛，也能夠讓我們得到成長嗎？如果你願意的話，是可以的。

人際關係的問題，多少可以連結到我與他人之間的界線不清楚，而界線不清又可以連結到不穩定的自我概念，當我微調了這樣的自我概念，在人際中掌控我所能掌控的、負起我該負的責任，這樣的關係，不是輕鬆許多嗎？這些人際之間的挫折，反而可以幫助我們看清楚自己，建立更健康與合適的人際關係。

改變人生的方向

當我們與反芻思考深談，可能會發現，原先我們所追求的大多都是表象，例如對於成功的追尋、對於愛情的渴望、對於人際的不滿，可能只是為了因應不穩定的自我概念，到頭來我們真正想要的，是心理的安適與滿足。

而當我們了解這一點，才能夠真正無負擔地享受成功、愛情、人際所帶來的快樂，也可以承擔它們所帶來的挫折。

所以，我們看似還在做一樣的事，但方向其實已經不同了，快樂的感受變得真實了。

當你的朋友陷入反芻思考

我們陷入反芻思考的迴圈時，他人不適當的反應會給我們帶來更大的傷害。當我們表現情緒，試圖與他人溝通這些反芻思考，想要得到他人的支持的時候，可能會得到這些答案：

又來了！不是跟你講過很多次了嗎？爲什麼你還要這樣想？

這根本就是你的問題，是你抗壓性太差！

身旁有這麼多人都這麼關心你，爲什麼你還是走不出來？

你有沒有發現，這些話的本質跟反芻思考差不了多少？為了避免找別人談，反而越談越差，我們有必要好好思考這件事情。

我們在找人談的時候，真正想要的是什麼？是他人的認同、他人的幫助嗎？其實大多數的情況，是想找一個情緒的出口，想要有一個人可以了解我們的感受，如果能找到這樣一個人，會讓我們擁有更多面對問題的能量。

接下來焦點回到身為一個傾聽者的時候。當你的親人或朋友陷入了反芻思考裡面，產生憂鬱與焦慮的情緒，怎麼繞都繞不出來，我們會有什麼感覺？是不是也會忍不住想要和他說：「不要再這樣了，趕快繞出去！」，或者「我都聽你講這麼久了，為什麼你還不能走出來呢？」。

如果是這樣，我們也同樣地掉入了反芻思考的圈套，「你怎麼不趕快好起來？」是傾聽者很可能會產生的反芻思考，這樣一來，「讓對方好起來」反而變成了我們自己的責任，我們也很容易在不知不覺中，把這樣的責任丟回給對方，必須讓「對方好起來」才能夠解決我們的焦慮。這樣的焦慮會讓我們很不舒服，透過各種方式要控制對方的情況，最後，跟對方一起陷入反芻思考的泥淖。

當一個傾聽者，我們必須知道，也必須自我提醒，情緒負載容量有限，當工作、家庭、親子等問題已經占據了我們大部分的情緒容量時，很難再容納他人的情緒，這一點必須要有所察覺。當你發現自己的情緒已經滿載的時候，要對「情緒垃圾桶」這個任務提出婉拒，但是要注意，避免在不經意之間，反而把自己的情緒垃圾倒給對方。

什麼？這樣不會太不夠義氣了嗎？如果你這樣想，代表你在自己與他人之間的界線，還劃分得不太清楚，強行做自己做不到的事。此時你已經泥菩薩過江，上面還要背一個人，最後的結果，就是泥菩薩被水溶了，上面背的人也活活被水淹死。

我在念碩士班的時候，身邊有幾位朋友失戀，理所當然地，我成為最好的諮詢來源。當時，朋友們不管是透過手機、或者親自到我的研究室，都想跟我約個時間，聽聽我的意見。

一開始我也是抱著幫助朋友的心情，後來慢慢發現，我自己的時間漸漸地不夠用，在聽完他們的心情之後，回家常要趕作業到半夜，或者，他們根本也沒聽進我的建議，還是照他們自己的意思，一意孤行啊！

這樣的狀況著實讓我感到心情不佳，認為我都花了這麼多時間、精力聽他們講，最後也沒得到些什麼，真是不值得。即使如此，我還是本著「助人為快樂之本」的精神，持續做著關心朋友的事。

但一次經驗告訴我，這樣下去行不通。

那天我正在趕碩士論文的稿件，下禮拜就要口試，時間非常緊迫。此時我接到一位朋友的訊息，問我現在有沒有空，她剛剛跟男友吵架，想找我聊聊。我回覆她，正在咖啡館趕論文，時間比較少，但如果她想來，還是可以來。她到了咖啡館後，坐在我對面，中間隔了一個電腦螢幕，我已經忘了當時她講什麼，但是有幾幕場景讓我印象深刻：她講到一個段落，會問我：「你覺得他到底愛不愛我？」、「我要不要跟他分手？」那時候我已經自顧不暇，別說回答問題了，連她的話都沒辦法完整地聽完，只能簡短回答：「是喔？」、「看你囉？」

不知過了多久，她緩緩地起身，告訴我：「我先走了……其實今天來跟你談完，我感覺很受傷，你不像以前那麼的溫暖。」

這句話帶給我很大的震撼，原本以為委婉地拒絕她、請她不要過來找我，對她來說是一個傷害，沒想到我在狀況不好之下的對話，對她來說才是傷害。

身為朋友的我們，在面對反芻者的時候，是怎麼想的？我們期待自己要扮演什麼樣的角色？理論上，最適合的角色是「傾聽者」，但我們通常期待自己可以做更多，例如「陪伴者」、「意見給予者」，甚至是「拯救者」。

如果抱持著這樣的信念，我們往往不能夠好好傾聽，會不自主地加入自己的意見，並且把「給予建議、讓對方康復」當作是自己的責任，所以我們會心急、會不耐煩，甚至會批評。如果人我界線不夠分明的人，會承接對方的情緒，然後把它當作自己的情緒處理，但是，大多數時候，對方的情緒不是我們可以處理的。

在治療室裡，不管是大人或小孩的反芻思考者，都會有同樣的反應模式。有一個小朋友告訴我，爸爸不買玩具給他，所以他跟爸爸嘔氣，但心裡還是一直想買玩具。

「心理師叔叔，你告訴我爸爸，叫他買玩具給我好不好？」

另一位中年失業的先生告訴我，失業讓他心情很憂鬱，「心理師，你幫我介紹工作，讓我擺脫憂鬱好不好？」

面對反芻者時，請記得，分清楚**哪些情緒是你的、哪些情緒是我的，然後，尊重對方有這樣的情緒**。即使心理師是我的工作，但「開口跟爸爸討論要不要買玩具」、「打起精神來找工作」則是對方的工作。以同理心的原則來說，我們會知道，對方真的感覺到現在沒有更好的方法了，所以把希望放在我們身上，但我們並不能就這樣承接下來，因為這不是我們應該承接的，但可以好好地聽他說，反應他的情緒。如果對方因此對我們有些埋怨，認為「見死不救」，這也不應該是我們要承擔的，不必為此感到生氣或氣餒。

我在碩士班的時候，受到感情的挫折，當時過得非常慘，情緒也很差，我的學弟妹們正在各醫院實習，有一天，他們約了我，在學校附近的速食店碰面。當時，他們總共八個人，圍成一圈，聽我講完這段感情的始末後，什麼也沒說，分別拍拍我、或給我一個擁抱，然後各自回家。

我感受到很大很大的支持，很多很多的溫暖。

我們可能以為自己可以做很多，其實他們需要的是「尊重、傾聽、陪伴」，只要這三步驟做得好，就能給反芻者很大的力量。

未來的路要怎麼走？這是反芻者自己的事，我們不必干預，也干預不了。

最後，總結一下，要如何面對反芻者：

認清可以做的事。

調整好自己的心情。

試著聽對方說，反映對方的情緒。

告訴對方，如果他需要，我們可以提供什麼幫忙。

不要做的事：

承擔對方應負的責任。

因爲對方的事而感到焦慮。

急著用自己的經驗來給予建議。

「問題本身不是問題，問題是我們自己怎麼看這個問題。」當我們跟著反芻思考的思緒走，會慢慢地發現，到底是怎麼看待這些發生在自己身上的事。如同一開始所說的，要解決反芻思考所帶來的不舒服，我們可能會面對更多的不舒服。與反芻思考相處，仔細探究反芻思考跟我們說的每一句話，雖然不好受，終究會找到意義。

挫折對某些人來說就是挫折，但對於某些人來說是一種挑戰。請你記得，這些想法與意義都沒有標準答案，別人找出什麼意義，不見得我就要找到一樣的，因為別人的想法再好，終究是別人的。面對反芻思考的挑戰，我有沒有一套屬於自己的想法，一套能夠讓我好好的處理生活中各種困難、挫折的想法？

在心理治療的過程中，很多人都會問我：「心理師，我應該要怎麼辦？」在第一時間，我通常不會回答。我知道在此刻，一個答案對眼前這個人來說非常重要，但他需要的並不是「別人的答案」，他需要的是自己探索內心之後，找到「自己的答案」，就算最後還是搞砸了，對於自己也有很重要的意義。

當你閱讀完這本書，我不敢保證你已經找到答案，但至少你應該開始「試著」去找答案，或者開始辨認出自己過去找答案的習慣是什麼。

對我來說，這本書能夠帶給你最大的益處，是幫助你真實地看待自己、同理自己與接納自己。我們每個人生活在這個世界裡，一樣會有喜有悲，一樣會有成功有失敗，我與他人一樣會建立關係、發生爭吵或結束關係，但這些都將融合進我們的自我概念與安全世界裡面，這些都不妨礙我們過一個「夠好」的生活。

祝福你。

國家圖書館出版品預行編目資料

反芻思考／李介文著.
--初版.--臺北市：平安文化. 2018.11
面；公分（平安叢書；第615種）
（UPWARD；95）

ISBN 978-986-97046-2-5 (平裝)

176.4　　107017648

平安叢書第615種
UPWARD 095

反芻思考

作　　者—李介文
發 行 人—平　雲
出版發行—平安文化有限公司
台北市敦化北路 120 巷 50 號
電話◎02-27168888
郵撥帳號◎18420815號
皇冠出版社（香港）有限公司
香港銅鑼灣道 180 號百樂商業中心
19 字樓 1903 室
電話◎ 2529-1778　傳真◎ 2527-0904
總 編 輯—龔橞甄
責任編輯—平　靜
美術設計—嚴昱琳
著作完成日期—2018年7月
初版一刷日期—2018年11月
初版三刷日期—2021年8月
法律顧問—王惠光律師

有著作權・翻印必究
如有破損或裝訂錯誤，請寄回本社更換

讀者服務傳真專線◎02-27150507
電腦編號◎425095
ISBN◎978-986-97046-2-5
Printed in Taiwan
本書定價◎新台幣280元/港幣93元

• 皇冠讀樂網：www.crown.com.tw
• 皇冠Facebook：www.facebook.com/crownbook
• 皇冠Instagram：www.instagram.com/crownbook1954
• 小王子的編輯夢：crownbook.pixnet.net/blog